1%의
가능성이 있다면
도전하라

1%의 가능성이
있다면 도전하라

초판 1쇄 발행 2024년 9월 1일

지 은 이 홍명숙
발 행 인 권선복
편   집 권보송
디 자 인 김소영
전 자 책 서보미
발 행 처 도서출판 행복에너지
출판등록 제315-2011-000035호
주   소 (07679) 서울특별시 강서구 화곡로 232
전   화 010-3993-6277
팩   스 0303-0799-1560
홈페이지 www.happybook.or.kr
이 메 일 ksbdata@daum.net

값 20,000원
ISBN 979-11-93607-48-0 (03190)

Copyright ⓒ 홍명숙, 2024

두려울 때 멘탈을 극복하는 비법

1%의
가능성이
있다면
도전하라

홍명숙 지음

도서
출판 행복에너지

평범함에서
비범함으로

나는 25년 차 대한민국 육군 여군 원사이고 정치학 박사로 현재는 육군미래혁신연구센터에서 연구 부사관으로 근무 중이다. 이 책은 21살 호기심 가득했던 시골 소녀가 강한 멘탈로 군에서 살아남고 성장한 이야기이다. 실패하는 것이 두려워 도전을 망설이는 사람들에게 군에서 겪었던 경험들을 솔직하게 나눔으로써 희망과 용기를 주고 싶었다.

책의 구성으로 첫 장은 두려움을 어떻게 이겨냈는지를 이야기하고자 한다. 특전사에 입대하던 날의 기억을 떠올리며 첫 훈련에서의 두려움과 설렘을 다루었다. 모든 것이 새로웠던 군 생활 도전의 과정에서 나는 성장했다. 극한의 체력 훈련과 심리적 압박 속에서 스스로를 믿게 된 사례를 이야기한다.

두 번째 장은 생각의 혁명이다. 군에서 다양한 사건사고를 통해 사고방식의 변화를 겪었다. 어려운 상황 속에서도 긍정적인 생각을 유지하고 어떠한 역경도 극복할 수 있다는 믿음을 갖게 된 과정을 이야기한다. 군에서의 훈련들은 나에게 '불가능'을 '가능'으로 바꾸는 사고의 전환을 가르쳐 주었다.

세 번째 장에서는 행동의 변환에 대해 이야기한다. 남들과는 다른 사람으로 성장하기 위해서는 생각의 변화뿐만 아니라 행동의 변환이 필수적이다. 포기하고 싶은 마음이 들 때마다 끝까지 버텨가며 행동으로 극복하는 자세가 필요하다. 극한의 훈련 상황 속에서 '한 걸음 더' 나아가야 했던 순간들이 나를 더욱 강하게 만들었다.

네 번째 장에서는 감정의 주인이 되는 방법을 이야기한다. 군 생활을 하면서 수많은 감정 기복을 겪었다. 힘들었던 시기를 견디며 감정을 어떻게 다스려야 하는지 배우게 되었다.

마지막 장은 관계의 재구성으로 다양한 사람들과의 만남과 서로 다른 배경을 가진 사람들이 어떻게 하나의 팀으로 뭉쳐 어려움을 극복할 수 있는지를 이야기한다.

처음 군에 입대할 때만 해도 두려움과 불안이 가득했다. 하지만 매일매일 스스로를 극한으로 몰아붙이며 훈련을 견디는 과정에서 평범했던 내가 비범하게 조금씩 변해갔다. 수

많은 위기 상황과 예기치 못한 사건사고를 겪으며 스스로를 믿고 의지하는 법을 배웠다. 힘든 순간마다 좋은 글들을 읽으며 어려웠던 상황을 극복해 나갔다. 다양한 사람들과의 만남 속에서 그들의 강인함과 인내심을 지켜보며 나 역시 한층 더 성숙해졌다. 때로는 좌절하고 싶을 때도 많았지만 끝까지 포기하지 않겠다는 다짐이 오늘의 나를 만들어준 것 같다. 이러한 과정에서 얻은 경험과 교훈이 이 책을 읽는 여러분에게도 큰 도움이 되길 바란다.

목차

Part 3 행동의 변환

Part 4 감정의 주인 되기

Part 5 관계의 재구성

PART 1

두려움을
이겨내는
비법

가능성의 의미:
1%의 가능성이 있다면 도전하라

누구나 도전은 할 수 있다. 하지만 힘든 상황을 견뎌내고 자신과의 멘탈 게임에서 이겨야 꿈을 이룰 수 있다. 평범했던 내가 특전사에 지원하겠다고 했을 때 100명 중 99명은 말도 안 되는 소리라고 비웃었다. 하지만 나는 도전했고 1999년 3월 강도 높은 체력시험을 거쳐 특전부사관 합격 통지서를 받았다. 막상 합격 통지서를 받고 입대하려고 생각하니 두려움이 앞선다. 면접 때 잠깐 스치면서 본 강렬한 눈빛의 여군 선배들 모습이 눈앞에 아른거린다. 내가 과연 잘할 수 있을까? 입대하기 전날 밤 도저히 잠이 오지 않는다. 주변에서는 나보다 더 난리가 났다. "지금이라도 그만둬라. 어떻게 하려고 그래. 군대 가면 3년은 그만두고 싶어도 못 그만둔다며"라며 걱정하는 친구와 "야! 걱정 마! 막상 닥치면 사람은 다 하게 되어 있어."라며 응원을 해주는 친구들이 있다. 심장이 터질듯한

특전사 여군 선배들과

설렘과 긴장감을 안고 특전사라는 새로운 도전을 시작했다.

특전사 여군이 되기 위한 과정

특전사는 내 젊음을 기꺼이 투자할 만큼 가치 있고 멋진 곳임은 분명하다. 하지만 여군이 되기 위한 과정은 결코 쉽지 않았다. 특전사 여군은 1년에 단 한 번 선발한다. 우리 기수는 전국에서 4명 선발되었다. 한 기수에 적어도 200명이 넘는 인원이 전국에서 지원을 한다. 나는 지방 병무청에서 1차 선발을 거쳐 서울에 위치한 특수전사령부에서 2차 면접과 체력검정을 받았다. 면접날 전국에서 특전사 여군이 되기 위해 특수전사령부 내 707대원들이 훈련을 받는 연병장으로 하나둘 모여들기 시작했다. 아 여기가 특전사구나. 특전사가 훈련하는 모습을 보니 압도되고 위축되었지만 그것보다는 멋있다는 생각이 훨씬 더 강렬하게 들었다.

연병장 한편에는 암벽도 보이고 외줄도 보였다. 무섭고 힘들게 느껴지기보다는 '우와 멋지다.'라는 생각뿐이었다. 갑자기 가슴이 뛰면서 꼭 특전사가 되고 싶다는 생각이 더 간절하게 들었다. 하지만 체력검정부터가 쉽지 않았다. 전국에서 운동 좀 했다는 여자들은 다 모인 것 같다. 달리기 측정을 하기 전 몸을 푸는데 그때부터 신경전이 대단했다. 나는 시골에서 올라와 긴 체육복 바지에 흰색 운동화를 신고 쿵쾅거리는 가슴으로 서있는데 경쟁자들은 반바지에 러닝화를 신고 몸을 풀고 있었다. 프로와 아마추어의 싸움 같은 느낌이 들었다. 왠지 시작도 하기 전에 주눅이 든다.

역시나 어릴 때부터 운동만 했던 친구들을 이기기란 쉽지 않았다. 태어나서 그렇게 열심히 뛰어본 기억이 없다. 기억이 희미해져 별이 보일 만큼 열심히 뛰었지만 조에서 3등 안에 들지 못했다. 하지만 달리기를 제외하고 다른 종목은 모두 만점을 받았다.

다음은 면접이다. 면접관님은 우리 모두에게 같은 질문을 하셨다. 이번에 떨어지면 다시 지원하실 겁니까? 다들 간절

했다. 모두 합격할 때까지 지원하겠다고 답변했던 기억이 난
다. 그리고 마지막 발언할 기회가 주어졌다. 그때 나는 이렇
게 답변했었다.

"저는 군인이 되고 싶어서 많이 준비하고 열심히 노력했
습니다. 체력검정과 다른 평가도 제가 더 이상 할 수 없을
만큼 최선을 다했습니다. 합격시켜 주신다면 누구보다 열심
히 성실하게 근무할 자신이 있습니다." 하지만 객관적으로
나보다는 다른 인원들이 훨씬 더 뛰어나 보여서 내 길이 아
닌가 보다 하고 포기하고 있었다. 그런데 간절하면 이루어진
다고 했던가 내가 특전사에 선발된 것이다. 그 당시 체력보
다는 나의 간절함과 가능성을 보고 선발해 주신 것 같다. 체
력은 시간이 걸리기는 하지만 노력하면 충분히 좋아질 수 있
다. 모든 일은 진심으로 대하는 태도가 더 중요하다는 것을
깨닫게 되는 순간이었다.

여군학교에 입교하다

1999년 3월 여군학교에 입교했다. 그 시절에는 국방부 내
에 여군학교가 있었고 여군학교 20주 훈련을 마친 후 특전사
로 전입을 가는 시스템이었다. 서울 삼각지역에서 내려 여군
학교가 있는 국방부 후문으로 향했다. 부모님과 작별 인사를

하고 이젠 사회와 떨어져 군 생활을 시작한다고 생각하니 나도 모르게 눈물이 나왔다. 어떤 의미의 눈물이었는지는 정확히 모르겠다. 정신을 차리고 여군학교에 들어서려고 하니 긴장감으로 심장은 다시 요동치기 시작했다. 스스로 선택한 길이며 그토록 입고 싶었던 푸른 제복을 입게 되는 것이다.

입교하는 날 나는 가운데 가르마를 탄 짧은 단발머리(그 시절 엄정화 머리 스타일로 유행을 했었다.)를 하고 가죽점퍼에 쫙 달라붙는 검정 바지와 굽 높은 힐을 신고 입대했다. 대학 다닐 때 평상시 내 모습 그대로 군대에 들어간 것이다. 입교하는 날 입구에서 훈육관님처럼 보이는 분이 이야기했다. 이제 친구분은 돌아가셔도 됩니다. 아니 제가 입교하는데요? 그랬더니 나를 위아래로 훑어봤다. 내 복장이 좋게 보이지 않았던 것 같다. 얜 뭐냐? 이런 느낌이었다. 주변을 둘러보니 다들 편한 복장에 운동화를 신고 뛰어 들어왔다. 뭔가 잘못되었다는 것을 그때야 깨달았다. 나는 처음부터 훈육관님에게 좋지 않은 인상을 확실하게 각인시켜 주었다.

신병교육대대 교관을 7년 정도 하면서 느낀 건데 여군학교 입교하던 날 나는 분명히 정상으로 보이지 않았을 것이다. 교관 시절 입대하는 훈련병들이 두발 정리를 하지 않고 염색한 상태로 머리 커트도 하지 않고 들어오면 어떻게 이렇게 들어올 수 있지?라고 생각했었다. 아마 나를 처음 본 훈육관님도 나와 같은 생각을 했을 것이다. 복장이 특별했던 만큼 강렬한 인상을 남겨서 군 생활 시작이 쉽지만은 않았다. 역시나 어딜 가든 눈에 띄는 것은 좋지 않다.

여군들의 군 생활도 남군들과 다르지 않다. 입교 첫날 보급품을 지급받고 바로 군복으로 갈아입는다. 나는 짧은 단발로 입대했는데 머리가 길다고 군 미용실로 불려가서 바로 커트로 머리카락을 잘랐다. 내 인생에 첫 커트였다. 너무 어색하고 이상했다. 하지만 외모를 신경 쓸 만큼의 여유는 없었다. 가입교 기간에 여러 가지 사정으로 퇴교를 하는 동기들도 생겼다. 예비번호를 받고 급하게 추가 입교한 동기들은 머리도 자르지 못하고 긴 생머리로 입교했다. 입교하는 날 허리까지 내려오는 긴 생머리가 커트로 잘리는 동기들을 본 순간 다시 한번 내가 군대에 온 것을 실감하게 되었다.

일단 시작해 보기

새로운 시작은 두려움과 설렘이 생기기 마련이다. 어느누구도 군대에 가라고 나를 떠밀지 않았는데 내가 좋다고 내 발로 들어왔다. 그렇기에 훈련이 힘들다고 나갈 수는 없었다. 어떠한 상황에서도 꿋꿋이 버티려고 노력했다. 하지만 군 생활에 적응한다는 것은 결코 쉬운 일이 아니었다. 아무리 좋은 의미를 부여해 봐도 모든 것이 힘들었다. 사회에서 통제받지 않고 자유롭게 살던 영혼이 군에 와서 먹고 자는 것부터 모든 것을 통제받으니 죽을 것 같았다. 그때는 핸드폰도 없던 시절이며 사회와도 철저하게 단절되었다. 육체적, 정신적으로 모든 것이 힘들었다.

동기들한테 나는 군 생활이 잘 안 맞는 것 같다고 대신 너희는 훈련 잘 마치고 멋진 군인이 되라고 마지막 인사까지 하고 훈육관님을 찾아갔다. "아무래도 저는 군대랑 맞지 않는 것 같습니다. 저는 퇴교하겠습니다."라고 말씀드렸다. 하지만 훈육관님은 "너는 특전사에서 선발했으니 네가 특전사로 연락해서 못 하겠다고 그만두겠다고 말해라."라고 눈물이 쏙 나도록 나를 혼내셨다. 그만두는 것도 내 뜻대로 되지 않았다. 누구한테 연락해야 하는지도 모르고 무엇보다도 특전사로 연락해서 그만두겠다고 말할 용기는 더더욱 없었다. 하루하루를 힘들게 버텨냈고 그렇게 버틴 군 생활이 벌써 25년이 되었다. 내 의지가 아닌 강제로 버티게 된 것이다. 하지만 지금은 훈육관님께 감사한 마음이다. 그때 훈육관님이 나를 바로 퇴교 조치했더라면 지금의 나는 없을 것이다. 25년이 지난 지금 부사관 원사까지 진급했고 다시 공부를 시작해 박사가 되었다.

무슨 일을 시작할 때 걱정부터 하는 습관은 버려야 한다. 자신을 믿고 일단 시작해 보는 것이 중요하다. 스스로 포기하지 않는다면 해낼 수 있다. 두려워해서는 안 된다. 아무것도 시도하지 않으면 아무 일도 일어나지 않는 것이다. 일단 시도해야 뭐든 할 수 있다. 실패하면 다시 또 시작하면 된다. 간절한 마음으로 열심히 했는데 안 되면 어떻게 하냐고 묻는 사람들이 있다. 그럴 때는 긍정의 마음을 가지고 다시 일어서면 된다. 생각에 따라 뭐든 해낼 수 있는 능력이 우리에게는 있다는 사실을 기억해야 한다.

새로운 일을 시도할 때 '나는 모르겠어. 너무 어려워'라는 말을 하지 않으려고 한다. 왜냐면 그런 말은 사고를 정지시키기 때문이다. 불가능하다고 말하는 사람의 뇌는 불가능의 이유만 찾게 된다. 불안함과 기대감의 차이는 마음가짐에 따라 달라진다고 생각한다. 어떤 일이 발생했을 때 매번 안 되는 이유를 찾는 것은 아닌지 자신을 돌아볼 필요가 있다. 부정적인 생각으로 가득 차서 힘들다고 징징거리는 사람을 좋아할 사람은 없다. 긍정적으로 생각하고 주변 사람들에게 긍정의 메시지를 줄 수 있는 사람이 되려고 노력해야 한다.

Important Notes

새로운 도전과 함께 따라오는 두 개의 감정: 설렘을 즐기고 두려움을 이겨내라.

조언의 함정:
경험 없는 말에 휘둘리지 마라

    여군들도 남군들과 똑같은 훈련을 받는다. 아니 여군들은 병사가 없고 간부들만 선발하기에 더 긴 군사훈련을 받았다. 특전사로 전입 가기 전 여군학교에서 20주 군사훈련을 받았다. 예전에는 서울 국방부 안에 여군학교가 있었으나 지금은 역사 속으로 사라졌다. 군을 정확하게 몰랐던 나도 TV 언론매체 등을 통해 유격훈련이 힘들고 그중에서도 특히 화생방 훈련이 힘들다는 이야기는 많이 들었다. 가스실 실습은 생각만으로도 스트레스가 쌓이고 두려움이 생겼다. 그럴 때마다 '나 혼자만 하는 것도 아닌데 잘할 수 있어'라고 스스로를 안심시키는 말을 되뇌었다. 세상의 가장 무서운 적은 경험해보지 않은 사람들의 조언이다.

여군 부사관 158기 동기들과 유격훈련

임팩트 있는 화생방 훈련

임팩트가 있어야 잘 잊히지 않는다. 화생방 훈련이 그렇다. 군을 경험한 사람이라면 모두 공감할 것이다. 훈련장에서도 조금은 한적하게 떨어져 있는 슬라브 지붕의 벽돌 건물에 큰 출입문만 양쪽으로 두 개가 있다. 화생방 가스 실습장과 가까워질수록 매캐한 연기에 숨이 막히는 것 같다. CS 탄으로 자욱한 연기 가스 실습장 안에서는 비명처럼 악을 쓰는 군가 소리가 들린다. 들어가기 위해 대기하고 앉아 있는 순간에도 공포감이 밀려온다. 들어간 지 1분도 안 돼서 뛰쳐나오는 사람들을 보면 그 공포감은 더욱 극대화된다.

　여군학교 기초군사훈련 기간 처음으로 화생방 훈련을 받을 때다. 걱정과 두려움이 지속되면 인지능력이 떨어지고 행동에도 문제가 생긴다고 했던가? 내가 그랬다. 어떻게 하지? 방독면 착용 방법에 대해서 설명해 주는데 이게 맞게 착용한 건지 정신이 없었다. 그때는 교육생 때라 동기들도 정확한 착용법을 몰라서 이거 맞아? 물어보면 맞는 것 같아. 이렇게 하고 넘어갔다. 그래도 다들 본능적으로 가스실습장에 들어갈 때 방독면은 정확하게 착용해야 할 것 같았는지 꼼꼼히도 방독면 머리끈을 잡아 당겼다. 하지만 교육기관 방독면은 그렇게 상태가 좋지 않았다. 사이즈도 나에게 정확하게 맞지 않고 그냥 주는 대로 큰지 작은지도 모르고 착용을 했다.

　동기한테 물어본다. 이게 사이즈가 맞는 거야? 뒤에 끈 이건 뭐야? 방독면 머리끈은 윗끈, 아랫머리끈, 중간끈 순으로 당겨줘야 한다. 하지만 교육기간 방독면 머리끈들은 많이 사용해서 이미 늘어나 탄탄하게 조여지지 않았다. 야! 나 습기 차는데 이거 맞아? 안 보여. 그랬더니 옆 동기가 나도 그래라고 한다. 어찌어찌하여 보호 두건까지 결합된 방독면을 착용했다. 날이 더워서 땀은 비 오듯 쏟아진다.

날도 덥고 긴장도 하고 방독면을 쓰고 앉아 있는데 벌써부터 숨이 막힌다. 방독면은 화생방 상황 시에 꼭 착용을 해야 한다. 전쟁이 나면 이걸 계속 쓰고 있어야 한다고? 난 죽고 말지 이거 쓰고 못 살겠다. 동기들한테 푸념을 늘어놓는다. 시간이 조금 지나니 땀과 함께 습기가 차서 앞은 더 안 보이기 시작한다. 뭔가 혼자서 다시 벗고 제대로 착용할 용기가 없어서 그대로 앉아 있었다. 우리보다 먼저 들어간 조가 가스실습장 문이 열리자마자 뛰쳐나오며 방독면을 벗는다.

가스실습장의 공포

드디어 내 순서다. 동기들 어깨에 손을 올리고 가스 실습장으로 들어갔다. 들어가자마자 가스가 들어온다. 오마이 갓! 발을 동동 굴렸다. 앞은 습기가 차서 보이지도 않는다. 우리가 다 들어온 후 문은 굳게 닫혔다. 밖에서 조교가 나오지 못하도록 문을 막고 있다. 하지만 괴력의 힘으로 그 문을 밀고 나가는 동기가 보인다. 아 나도 따라 나갈까? 고민이 된다. 교관이 두 줄로 맞춰 세운다. 뭐라고 하는데 정확히 뭐라는지 모르겠다. 처음에는 최대한 숨을 참아 보려고 했다. 하지만 자꾸만 군가를 시키고 숨을 쉬도록 만든다. 참았던 숨을 몰아서 쉬는 순간 폐가 찢어지는 듯한 공포를 느꼈다. 윽 살면서 이런 경험은 처음이다.

어찌할 바를 모르고 거의 제자리 뛰기를 하고 있는데 교관이 정화통을 풀어서 오른손에 들게 한다. 모두 들어야 끝나기 때문에 나도 빠르게 정화통을 풀었다. 오른손에 들었다. 교관이 자꾸만 뭐라고 한다. 무슨 말인지 모르겠다. 빨리 나가고 싶다. 다시 모두가 정화통을 결합해야 훈련이 끝이 난다. 그런데 꼭 끝까지 결합 못 하는 사람이 한 명 있다. 계속 자기 방독면이 고장 났다고 한다. 반대로 돌렸던 것이다. 미칠 지경이다. 몇 명이 달라붙어서 결합을 해주고 우리는 밖으로 나갈 수 있게 되었다. 가스실습은 5분 정도 하는 것 같은데 체감상 시간은 50분도 넘는 것 같다. 나가면서 모두 바로 방독면을 벗게 되는데 조교가 자꾸만 얼굴 만지지 말라고 고함을 지른다.

하지만 본능을 거스르지 못하고 바로 따가운 눈에 손을 대는 순간 지옥을 맛보게 된다. 불타오르네~ 스스로 생각해도 내 모습이 처절하다. 눈물 콧물 침까지 뒤범벅이 돼서 엉망진창이다. 하지만 괜찮다. 나만 그런 게 아니고 모두 다 그렇기에 서로의 모습을 보고 웃게 된다. 이렇게 전우애는 생기는가보다. 볼꼴 못 볼 꼴 다 같이 공유하기에 서로 끈끈해진다. 화생방 가스실습을 한번 경험하고 나면 화생방 훈련이 그렇게 죽을 일은 아니구나 생각하게 된다. 하지만 그 공포를 알기에 더 무서운 것도 있다.

시간이 많이 흘러 훈련부사관이라고 신병교육대대 훈련을 통제하는 교관이 되기 위해 훈련을 받게 되었다. 이곳에서의 화생방 훈련과 가스실습은 강도가 훨씬 더 강하다. CS 캡슐 연기로 자욱한 가스실 안을 방독면을 착용하지 않고 맨 얼굴로 들어간다. 교관의 가스!라는 구령이 떨어지면 시간 안에 방독면을 착용하고 가스를 밖으로 빼내야 하는 평가를 받는다. 정화통도 교체하고 군가도 부르게 하고 그 뒤 상황은 비슷하게 흘러간다. 그때 교육생 중 여군은 나를 포함 2명뿐이었다. 이 교육은 선발된 자원들로 군 생활을 10년 정도 한 인원들로 구성되어 있다.

다들 가스실 실습은 경험이 많지만 역시나 가스실습장에 그것도 평가를 받기 위해 들어가는 것은 고통스럽다. 군 생활을 많이 한 간부들도 똑같다. 그런데 유난히도 전혀 걱정을 하지 않는 것처럼 보이는 선배가 있었다. 워낙에 점잖고 말이 없었던 선배였는데 선배님! 걱정 안 되세요? 물어봤는데 그냥 웃기만 하고 자기 할 일을 했다. 아! 이 상황에 저렇게 담담할 수 있다니 부럽다. 생각했는데 웬걸? 가스실 들어가자마자 그 선배는 방방 뛰어 결국 참지 못하고 젤 먼저 뛰쳐나갔다. 어디선가 가스실 들어갈 때 치약 바르고 들어가면 괜찮다고 해서 몰래 혼자 치약을 발랐는데 쓰라리고 통증이 심해서 죽을 뻔했다고 한다. 왜 그랬어요. 선배….

걱정과 두려움을 극복하는 방법

한번도 해보지 않은 일에 도전할 때는 걱정과 두려움이 생기기 마련이다. 화생방 가스실 실습만 해도 그렇다. 해보지 않았을 때는 상상만으로도 공포를 느낀다. 하지만 해보면 충분히 해낼 수 있다고 생각하게 된다. 처음과는 다르게 차분하게 대응할 수 있게 된다. 나는 걱정이 지속될 때마다 스스로 용기를 얻을 수 있는 말과 긍정적인 말을 사용했다. 긍정 확언을 한 것이다. '나는 해낼 수 있다'라고 내 자신을 안심시킬 말을 계속했다. '다 해내는 훈련인데 나라고 못 하겠어. 잘할 수 있어'. 공포와 두려움 극한의 훈련을 이겨내는 것은 내 마음가짐에 달려 있는 것이다.

위기가 닥쳐왔을 때 그 위기를 기회로 전환시켜야 한다. 김철회가 쓴 『오늘이 기회다』라는 책에서는 "세상에서 가장 강한 자는 자기 자신을 이기는 사람이다. 자기 자신을 이기려면 우선 과거의 나와 이별해야 한다."라고 말하고 있다. 우리의 잠재력은 엄청난데 스스로 자기를 과소평가하는 경우가 많다. 세상이 변하기를 원하지 말고 내가 먼저 변해야 하는 것이다. 사회에서 나약했던 마음을 군에 들어온 순간부터 바꾸려고 노력했다. 마음가짐을 어떻게 하느냐에 따라 싸워보지도 않고 질 수도 있고 무슨 일이든 해낼 수도 있다.

실현 불가능하다고 믿는다면 시도조차 할 수 없게 만들기에 부정적 생각을 멀리해야 한다. 행복한 사람과 불행한 사람의 차이가 무엇인지 아는가? 둘 다 걱정은 있지만 행복한 사람은 걱정을 키우지 않는다고 한다. 걱정에게 너무 많은 관심을 주지 말아야 한다. 자신감을 가져보자. 안 될 거라고? 안 되면 또 어떤가? 시도했다는 것이 더 중요하다. 두려움을 극복하고 도전해야 한다. 그런 시도가 나를 강한 사람으로 성장시키는 것이다. 남들이 해보지 않는 일에 도전하고 성취했을 때 만족은 그 어떤 것과도 비교할 수 없다.

미국의 심리학자 어니 젤렌스키는 말했다.

"걱정의 40%는 절대 현실로 일어나지 않는 것, 30%는 이미 일어난 일에 대한 것, 22%는 안 해도 될 사소한 것, 4%는 우리 힘으로도 어쩔 도리가 없는 것, 4%는 우리가 바꿀 수 있는 것이다. 이 말이 맞는다면 우리가 해야 할 걱정은 4%에 불과하다. 걱정이 반복될 때 불안감이 생기는 것이다. 불안이 습관이 되게 해서는 안 된다. 그렇다고 해서 걱정과 불안을 회피하는 것도 답이 아니다. 도전해 보지도 않고 안 될 거라는 걱정부터 하지 말자. 불안과 걱정이 침투하지 않도록 강력한 멘탈로 자기를 돌보자."

특전사의 비밀:
두려움 다스리기

특전사 하면 떠오르는 것은 낙하산을 타고 강하하는 모습일 것이다. 특전인이 되기 위해서는 어느 누구라도 공수교육을 수료해야 한다. 특전사 요원이라 해서 처음부터 두려움이 없는 강한 멘탈을 타고나는 것이 아니다. 훈련을 통해 강한 멘탈로 단련된다. 인간의 한계를 넘어서는 훈련 과정을 통해 두려움을 다스릴 수 있게 되는 것이다. 용기가 생기면 본인이 할 수 있는 일의 경계를 넘어서게 되고 어렵고 힘든 일도 과감하게 도전하게 된다. 특전사 공수교육이 첫 관문이며 두려움을 떨쳐내고 4번의 강하를 무사히 마치고 나면 가슴에 공수윙을 달고 진정한 특전인으로 태어나게 된다.

강하 전 단체사진

특전사가 되기 위한 첫 번째 과정

1999년 8월 특전사 전입 후 가장 먼저 받게 된 훈련이 공수교육이다. 공수교육은 육군 특수전사령부에서 3주 훈련을 받게 된다. 공수교육을 받기 위해 서울 송파에서 경기도 광주 특수전교육단으로 가는 지하철에 몸을 실었다. 간부이기 때문에 동기들과 직접 교육기관으로 입소했다. 초임 하사 때라 차도 없었기에 나만큼 큰 가방을 메고 지하철을 탔다. 160cm 키에 특전사 군복을 입고 베레모를 쓴 내 모습을 보고 아주머니들이 질문을 한다. "진짜 군인 맞아요?" "네 군인 맞습니다." "아니 나는 군인 좋아서 따라 하는 그런 사람인 줄 알았어. 멋있다." 21살 여군이 군복을 입고 베레모를 쓰고 다니면 어딜 가든 주목을 받았다.

공수교육을 받기 위해 특수전학교 정문에 들어섰다. 엄청 큰 독수리 동상이 보이고 노란색 큰 글씨로 안 되면 되게 하라. 특수전교육단이라고 쓰여 있다. 드디어 입교했구나. 특전사 124기 여군 동기는 4명, 남군 동기는 231명이었다. 소수의 여군으로 생활하는 것에 대한 부담은 상당했다. 무슨 훈련이든 잘해야 한다는 걱정이 앞섰던 것 같다. 여성으로 보호받기보다는 동료로 인정받고자 하는 의지가 컸기에 악으로 깡으로 버텨냈다. 특히나 체력적으로 뒤처지지 않아야 한다는 강박이 있었다.

공수교육은 3주를 받게 되는데 그중 1주 차는 체력단련을 하는 기간이라고 생각하면 된다. 일주일 내내 달리고 유격 PT 체조했던 기억밖에 없다. 안개가 자욱한 공수 교육처 훈련장 막타워 밑 넓은 연병장으로 아침마다 교육생들이 집결을 한다. 연병장은 학교 운동장과 같은 느낌의 훈련을 받는 운동장이라고 생각하면 이해하기 쉬울 것이다. 공수교육 교관들은 모두 파란색 티에 파란색 모자를 착용하고 있었다. 공수교육을 받는 교육 기간의 아침은 교관들의 호루라기 소리와 함께 시작된다. 공수! 공수! 공수! 하면서 교육생들이 연병장으로 뛰어가서 모인다.

교관들의 "교육생들 목소리가 작습니다. 동작이 왜 이렇게 느립니까?"로 아침을 시작했다. 교관들의 선착순 10명!

이 말이 떨어지기가 무섭게 몇백 명 되는 사람들이 뛰기 시작한다. 내가 선착순 10명에 들어갈 리 없다. 그냥 계속 뛰어야 한다. 어쩔 때는 도착도 하기 전 다시 선착순이 시작되어 돌아갈 때도 있었다. 이렇게 하고 끝이 아니다. 이제 시작이다. 공수교육은 매일 아침 훈련 시작 전 전투화를 신고 훈련장 인근 3~5km를 뛰는 것부터 시작한다. 지속되는 오르막에 숨이 찬다. 뛰면서 군가는 왜 그렇게 부르는지 정신이 없다. 뛰면서 발이 맞지 않거나 군가 소리가 작으면 오리걸음으로 발을 맞춰 가야 했다. 모든 순간순간에 체력의 한계를 느꼈다.

달리기해서 도착하자마자 바로 PT 체조가 시작된다. 체조 동작마다 적게는 100번 많게는 1,000번까지도 했던 기억이 있다. 비가 오는 날도 예외는 없었다. PT 체조를 할 때 마지막 구호는 절대 붙이지 않게 되어 있는데 정신없는 순간에 몇백 명이 되는 인원이 마지막 구호를 동시에 붙이지 않기란 쉽지 않다. 마지막 구호가 나오는 순간 다시 처음부터 시작이다. 체조가 끝나면 1주 차는 지상에서 착지 훈련 연습을 한다. 비행기 기체에서 이탈해서 낙하산을 타고 내려오는데 사뿐히 내려올 수는 없다. 정신없이 구르거나 처박게 된다. 그래서 최대한 부상을 줄이고자 신체 5개 부위를 이용해서 구르는 것을 연습한다. 잘 넘어지는 연습을 하는 것이다. 이러니 온몸은 멍으로 가득했다. 뱃가죽이 당겨서 제대로 웃지도 못한다. 한번은 주말에 몸이 너무 아파서 피로를 풀 겸 대중목욕탕을 간 적이 있다. 주변 아주머니들이 나를 안쓰럽게 쳐다본다. 아마도 누군가한테 맞고 사는 여자로 생각했던 것 같다. 온몸이 멍으로 가득했기 때문이다. 묻지도 않는 사람들을 붙잡고 이야기할 수도 없고 참 난감했던 기억이 있다.

공수교육, 두려움에서 벗어나라

공수교육 2주 차에는 막타워 훈련을 받게 된다. 인간이 최고로 공포감을 느끼는 11m 막타워에서 과감하게 뛰어내려야 한다. 막타워는 네모난 모형탑을 말하며 4층 높이의 건물이다. 11m 막타워를 타기 위해 계단으로 뛰어 올라가는 순간부터 가슴이 쿵쾅쿵쾅 뛰기 시작한다. 공포심을 이겨내지 못하면 실제 비행기 강하를 할 수가 없다. 고소공포증이라고 생각하는 사람과 진짜 고소공포증이 다르다는 걸 나는 특전사에 가서 처음 알게 되었다. 진짜 고소공포증이 있으면 절대 뛰어내리지 못한다. 그냥 주저앉고 절대로 못 뛰어내린다. 억지로 뛰어내리게 하려고 밀어도 절대로 뛰지 못하고 문을 잡고 매달린다. 그런 사람들은 특전사에서 퇴교를 당한다.

나도 마음 같아서는 11m 막타워를 멋지고 과감하게 뛰어내리고 싶었다. 하지만 몸이 말을 듣지 않는다. 두려움에 멀리 도약하지 못한다. 실제 강하를 하기 위해서는 막타워에서 합격을 받아야 한다. 5번 만에 합격을 하는 경우도 있지만 두려움을 느끼고 과감하게 도약하지 못하면 10번이 넘게 합격할 때까지 막타워를 타야 한다. 남자 여자 예외가 없으며 건장한 남성들도 막타워 위에서는 두려움에 주저앉기도 한다. 나 또한 4층 높이의 막타워를 올라가는 순간에는 '잘할 수 있어.' 다짐했다가도 막상 올라가면 쉽게 발이 떨어지지 않았다. 하지만 똑같은 훈련과정을 반복하다 보니 생각보다 안전하고 죽는 건 아니구나 하는 생각이 들었다. 그것보다는 육체적으로 너무 힘들어서 지상훈련을 빨리 끝내고 낙하산을 타고 수료했으면 하는 마음이 더 크게 드는 것이 사실이다.

3주차 실제 헬기 강하가 시작된다. 강하 전날에는 도저히 잠이 오질 않는다. '비행기에서 뛰었는데 낙하산이 안 펴지면 어떻게 하지? 죽는 경우도 있다는데 설마 내가 그런 일을 당하는 것은 아니겠지? 쓸데없는 걱정 하지 말자.'라고 다시 한번 각오해 보지만 막상 헬기를 타고 하늘로 올라가면 마음이 또 달라진다. 헬기는 1800피트 건물 110층 높이까지 상승한다. 헬기 안 엔진소리에 옆사람 말도 잘 들리지 않는다. 서로 말은 하지 않지만 불안한 눈빛이 역력하다. 심장은 다시 또 쿵쾅대기 시작한다. ○○번 강하자! 문에 서! 뛰어!라고 하는 순간 내 머릿속은 나 못 뛰겠어.였는데 이미 내 몸은 하늘을 향해 뛰어나가고 있다. '일만 이만 삼만 사만 산개 검사' 어? 왜 안 펴지지? 하는데 낙하산이 펴졌다. '아 살았구나.' 뛰고 나니 별거 아니네 싶은 마음이 든다. 막상 뛰고 낙하산이 펴지면 무섭지 않다. 주변을 볼 수 있는 여유도 생긴다. 하지만 착지할 때는 땅이 나를 향해 정신없이 달려든다. 이렇게 네 번의 강하를 무사히 마치고 나면 드디어 전투복 가슴에 공수 윙을 달게 된다. 진정한 특전인이 되는 것이다.

두려움을 떨쳐내는 것은 쉬운 일이 아니다. 하지만 생각을 바꾸면 두려움에서 벗어날 수 있다. 남들도 하는 것이면 나도 해낼 수 있다. 두려움을 극복하면 한 뼘 더 성장할 수 있다. 특전사 공수교육은 두려움을 극복하는 훈련이었다. 『네이비 씰 승리의 기술』 저자 조코 윌 링크는 네이비 씰이 강한 이유에 대해 이렇게 말한다. "그들은 뛰어난 신체 능력이 아닌 극한의 상황을 견딜 수 있는 정신력을 지니고 있다." 특전사 훈련과정도 동일하다는 생각을 했다. 특수부대원이 되기 위해서는 자신과의 싸움에서 이겨내야 하고 두려움을 극복해야 한다.

두려움을 극복한 강한 멘탈을 가진 사람들

강한 멘탈을 가진 사람들 하면 특수부대 군인들이 떠오른다. 그들은 매번 훈련을 실전처럼 준비한다. 복잡하지 않다. 그들의 생각은 놀랄 만큼 단순하다. 위급한 상황이 생기면 우선순위를 정하고 지휘권을 분산해 바로 실행한다. 지휘권이 분산되려면 단순하고 간결해야 한다. 모두가 알아들을 수 있는 언어를 사용해야 한다. 그러기 위해서 본인의 의도를 명확하게 이야기한다. 이런 것들이 삶과 죽음이 공존하는 전투현장에서 살아남게 하는 것이다.

최고의 멘탈력을 가진 운동선수들은 최고의 정신력과 강한 집중력을 가지고 있다. 가혹한 심신의 훈련과 시련을 통해 최고의 기량을 갖춘 운동선수로 성장한다. 정신력과 내구력이 약하다면 훈련을 따라갈 수도 좌절감을 견뎌낼 수도 없다. 운동선수들에게 할 수 있다는 자신감은 멘탈력을 기르는 필수 요소이다. 그들은 강한 집중력으로 주변 환경을 성공할 수 있는 여건으로 최적화한다. 목표에 방해되는 요소들을 차단할 줄 안다. 최대한의 효율을 내는 방법을 알고 있고 성실하게 실천한다.

각자의 영역에서 최고의 위치에 올라간 사람들은 건강한 관점에서 세상을 바라본다. 탄탄대로만 걸어서 최고의 영역까지 올라간 사람은 한 명도 없다. 각 분야에서 인정받는 것이 생각보다 쉽지 않다. 하지만 인정받지 못했다고 해서 좌절하지 않는다. 그들은 실망하는 일이 생겼을 때 재빨리 털고 일어난다. 그들은 실망하는 순간에도 배울 것을 찾는다. 건강한 관점으로 세상을 바라보기 때문에 실패했을 때 남들보다 쉽게 털고 일어난다. 어려움은 나만 겪는 게 아니라 누구나 겪을 수 있다는 생각을 가지고 있다.

성공한 셀럽들은 잘 버티는 힘이 있다. 그들은 대부분 긴 무명의 시간을 버텨냈다. 기회를 얻을 수 있는 시점까지 버티는 것이다. 이기는 것보다 버티는 것이 더 중요할 때도 있다. 힘이 들 때는 나에게 힘이 되어주는 주변인에게 의지해도 좋다. 어떠한 방법이 되었든 내가 버틸 수 있는 시간을 벌면 된다. 버텨야 하는 시기에는 긍정적인 마인드가 없으면 어렵다. 스스로 성공을 의심하지 않는 것이 중요하다. 하루를 버티면 일주일을 버틸 수 있다. 일주일을 버티면 한 달을 버틴다. 그렇게 버티다 보면 나도 모르게 성장한다.

Important Notes

두려움을 이겨내는 마법의 주문: 남들이 하는 일이라면 나도 해낼 수 있다.

모험의 가치:
낯선 환경에 도전하기

　새로운 인생을 꿈꾸지만 우리는 낯선 환경에 도전하는 것을 두려워한다. 특전사 여군이 되고 싶다는 생각을 했고 나는 용기 내어 도전했다. 그리고 여군이 되었다. 낯선 환경과 강렬한 눈빛의 선배들 모든 것이 두려웠지만 결국 이 조직의 일원이 되었다. 생각만 하고 아무 일도 하지 않으면 인생에 변화는 절대 일어나지 않는다. 도전해 보고 싶은 일이 있다면 용기 내어 도전해 보라고 이야기해주고 싶다. 내가 도전했을 때 주변 모든 사람들은 안 될 거라 비웃었다. 그런 비웃음이 두려워 시작을 두려워할 필요가 없다. 결승선에 누가 먼저 도달할지는 어느 누구도 알지 못한다. 도전의 과정을 통해 나는 분명히 성장했다. 극한의 체력 훈련과 심리적 압박을 이겨내며 누구보다 더 강하게 성장했으며 힘든 일을 헤쳐나갈 수 있는 에너지를 얻게 되었다.

특전사 124기 동기들과 전술훈련

낯선 환경에 잘 적응해야 하는 이유

힘든 환경 속에서 잘 버텨내다 보면 멘탈은 강해진다. 인생은 끊임없이 변하고 있고 우리는 적응하며 살아간다. 인간의 가장 대단한 능력 중 하나가 어떤 상황에서도 적응을 한다는 것이다. 아무리 힘든 고통이 찾아와도 시간이 지나면 적응을 한다. 고통이 왔을 때 그 상황을 빠르게 벗어나는 방법을 고민하는 것이 중요하다. 멘탈을 잡고 마음을 단단히 먹으면 어떤 상황도 극복할 수 있는 힘이 생긴다. 넘어지더라도 두려워할 필요가 없다. 넘어진 사람은 반드시 일어나게 되어 있다. 적당한 두려움은 삶을 긴박감 있게 만든다.

삶의 질을 향상시키기 위해서는 새로운 환경과 도전 기회에 잘 적응해야 한다. 아직 일어나지 않은 일들에 대해 미리 두려움을 가질 필요가 없다. 경직된 사고에서 벗어나야만 새로운 아이디어도 떠오르고 기회도 포착하게 된다. 열린 사고방식으로 접근해야 한다. 낯선 환경에 적응하면서 실패도 하고 쓰러져 봐야 적응력이 생긴다. 새로운 환경에 노출되면 주변에서 많은 피드백을 받게 될 것이다. 이러한 피드백은 나를 보다 나은 사람으로 변화시켜 줄 것이다. 건설적인 비판을 겸허하게 받아들여보자.

추진력 있게 일해보자. 낯선 환경에 빠르게 적응하게 된다. 작은 눈덩이도 속도감 있게 굴러가다 보면 산사태를 만들어 내듯 일에 속도를 높여야 한다. 낯선 환경에서는 적응하는 데 시간이 걸린다. 그럴 때일수록 포기하고 싶은 유혹에 빠지기 싶다. 외부 환경에 간섭받지 않도록 추진력을 유지하자. 일에 집중하다 보면 포기하고 싶은 마음이 들었는지조차 잊게 된다. 지금 남들보다 뒤처졌다 하더라도 불안해할 필요가 없다. 결승선에 누가 먼저 도착하는지는 어느 누구도 알 수 없다.

삶에서 내가 이뤄야 하는 목표가 있다면 낯선 환경에 두려워하는 나를 보호해야 한다. 내가 원하는 것에 초점을 맞추고 그것을 방해하는 요소들과는 멀어져야 한다. 그러지 않으면 세상의 유혹에 쉽게 흔들리고 탈선할 수 있기 때문이다. 낯선 환경에 잘 적응하기 위한 노력이 필요하다. 노력은 특별한 기술이 아니다. 당장 필요한 일들을 성실하게 해나가는 자세이다. 빠르게 가는 지름길을 찾기 위해 노력을 기울이지 말아라. 내가 일하는 일터로 가서 최선의 노력을 기울이면 된다. 일을 잘해낼 때 자신감이 생기고 멘탈은 강해진다.

변화해야 성장한다

아나톨 프랑스가 이야기했다. "변하지 않으면 성장하지 않는다. 성장하지 않으면 진정으로 살아 있는 것이 아니다. 우리는 익숙한 현재 상태에서 변화를 원하지 않는다. 현상 유지를 바라는 마음이 크다. 현재가 비참하더라도 참고 버틸 수 있다고 자신을 속인다. 변화가 두렵겠지만 맞서 싸워야 한다. 남들보다 변화를 즐기는 사람이 되어야 한다. 불확실성에 대한 두려움에 맞서 싸우는 것을 즐겨라. 변화에 자꾸 도전하다 보면 유연한 마음이 생긴다. 일이 잘못되더라도 금세 적응할 수 있는 강한 멘탈을 갖게 될 것이다.

세상의 모든 것은 변한다. 이것은 진리이다. 변화를 현실로 인정할 때 성장 마인드를 갖추게 된다. 살다 보면 우리가 원치 않게 세상이 빠르게 변할 때도 있다. 그 흐름에 잘 맞추어 가야 한다. 한 가지 예로 코로나로 인해 교육 방식과 회의의 방향이 바뀌었다. 화상회의로 진행되면서 일반 대면 회의 때와 또 다른 상황에 적응해야 했다. 오프라인 때보다 더 많은 사람들이 참여하니 시선이 두렵다는 사람들이 많아졌다. 하지만 달리 방법은 없다. 변화하는 상황에 빠르게 익숙해져야 한다. 새로운 시스템에 적응하는 데 시간은 걸리겠지만 적응하지 못하면 도태된다는 사실을 기억하자.

가벼운 아령으로 우리가 원하는 큰 근육은 키울 수 없다. 어려운 과제를 해결해야 그만큼 강해지고 성장하는 것이다. 변화를 두려워하지 마라. 감당할 수 없는 문제는 없다. 다만 어려운 과제는 있다. 하지만 모든 문제는 해결책이 있다. 피하거나 도망가지 않아야 하는 이유이다. 정면으로 변화에 도전해 보자. 변화에 대한 두려움 때문에 변하지 않으면 현재 상황에 갇히게 된다. 재미없는 일생을 살게 되는 것이다. 그러면 우울해진다. 내가 변하지 않으면 변하고 있는 다른 사람들에게 뒤처진다는 사실을 기억하자.

변화한다는 것은 과거를 놓아줄 용기가 생겼다는 것이다. 과거에 집착하지 않는다는 것은 현실을 수용한다는 것이다. 변화를 두려워하지 않는 사람들은 새로운 환경에 남들보다 빠르게 적응한다. 새로운 환경은 개인의 성장과 행복의 밑거름이 된다. 변화를 계속해서 받아들이게 되면 자신감도 함께 커진다. 멘탈이 쉽게 흔들리지 않고 멘탈이 무너지더라도 회복이 빠르다. 스트레스에 쉽게 무너지지 않고 일이 뜻대로 풀리지 않더라도 툭툭 털어낼 수 있다. 불평을 늘어놓고 남 탓을 하기보다는 스스로의 힘으로 견뎌낼 수 있는 멘탈을 갖게 된다.

낯선 환경에 잘 적응하는 방법

성장 마인드를 가슴속에 품어라. 사전에 철저한 준비가 되었을 때 자신감이 생기고 새로운 환경에도 잘 적응하게 된다. 자신감이란 어렵고 불편한 상황에서도 스스로 잘 이겨낼 수 있을 것이라는 기대이다. 제대로 준비를 갖췄다면 두려워할 이유가 없다. 오히려 새로운 환경을 즐길 수 있게 된다. 예상치 못한 문제들을 잘 해결해 나갈 때 희열을 느낀다. 이런 상황이 반복될수록 자신 스스로에 대한 믿음이 강화되는 것이다. 경직된 삶을 살아가는 사람들은 성장하는 데 어려움을 겪는다. 똑같은 하루를 살아가면서 어떻게 새로운 인생이 펼쳐지기를 원하는가? 실패에 대한 두려움을 떨쳐내고 과감하고 새로운 도전을 시도해 보자.

몸의 컨디션을 최상으로 유지하고 휴식시간을 충분히 갖자. 맛있는 음식을 먹고 숙면을 취해 몸의 긴장을 완화시키자. 기본적 욕구가 해결되었을 때 새로운 환경에 잘 적응할 수가 있다. 스트레스에 강한 신체를 만들어야 한다. 휴식을 통해 긴장을 늦출 수 있도록 계획해야 한다. 몸이 보내는 신호를 무시해서는 안 된다. 불쾌한 감정이 든다면 그 원인을 해결하기 위해 노력해야 한다. 몸이 보내는 신호에 집중하자. 몸이 건강할 때 강력한 멘탈도 만들어지는 것이다.

너무 완벽할 필요는 없다. 완벽주의가 지나치면 스트레스가 된다. 낯선 환경에 곧바로 적응하는 사람은 드물다. 완벽주의는 업무 면에서 긍정적으로 작용한다. 하지만 낯선 환경에 적응하는 데 있어서는 스트레스의 원인이 된다. 완벽주의는 양날의 칼이다. 완벽주의적인 성격을 일의 몰입에 이용해 보자. 내가 잘할 수 있는 일에 집중하다 보면 긍정 효과를 보게 될 것이다. 내가 일을 하다 실수하게 되더라도 모든 일이 잘못되지는 않는다. 실수를 통해 오히려 성장할 수도 있다. 잘하려는 집착에서 벗어나자.

　마음의 평정심을 유지하자. 두뇌는 상상 속의 경험과 실제를 구분하지 못한다고 한다. 그래서 신체는 상상과 실제를 모두 진짜인 것처럼 반응한다. 이 방법을 잘 활용하면 낯선 환경에 잘 적응할 수 있게 된다. 모든 감각을 이용해 낯선 환경에 잘 적응하고 있다고 생각하는 것이다. 내가 원하는 환경에 있고 만족하고 있다고 자신을 속여도 좋다. 프로 운동선수들도 많이 사용하는 방법이라고 한다. 내가 바라는 목표를 현실로 이루기 위해 이상적인 상상을 하는 것이다. 그렇게 하다 보면 낯선 환경 속에서도 평점심을 유지할 수 있게 된다. 마음에 평정심을 유지할 때 최고의 실력을 발휘할 수 있게 된다.

Important Notes

생각만으론 아무것도 바꿀 수 없다: 두려움을 떨쳐내고 일어나 당장 시작하라.

압박을 기회로:
중압감과 함께 성장하기

군에서 소수의 여군으로 생활하는 것은 어떤 의미가 있을까? 지금은 여군의 수가 많아져서 군대 내에서 여군을 보는 것이 어렵지 않지만 내가 군 생활을 시작했던 시기만 하더라도 여군이 많지 않았다. 내가 근무했던 신교대에서도 여군 부사관으로는 처음으로 소대장과 교관을 하였고 모든 직책에서 여군으로 처음인 경우가 많았다. 처음이기에 또 이 길을 먼저 걸었던 여군 선배가 없었기에 모든 결과가 좋았던 것은 아니다. 하지만 역경을 이겨낸 과정 자체가 충분한 가치와 의미가 있다고 생각한다. 늘 잘해내야 한다는 압박이 있었고 오히려 나는 그런 중압감과 함께 성장하였다.

육군 51보병사단 신병교육대대 교관

똑같이 승부한다

군대는 남녀가 따로 없다. 물론 신체조건이 다르기에 체력검정 기준이나 평가요소 등은 차이가 있다. 하지만 그 외에 훈련은 동일하게 받고 진급 기회와 보수도 동일하다. 군에 간 이후로 "강한 자가 살아남는 것이 아니라 살아남는 자가 강한 자"라는 말을 스스로 정말 많이 되뇌었다. 사회와는 다른 군 생활 남성이 다수인 집단에서 잘 융화되어 적응하기까지 표현할 수 없는 긴장감과 압박감이 있었다. 누가 주는 압박감이 아니라 스스로 잘해내야 한다는 긴장감의 무게였다. 어떠한 조직에서든 잘 적응하기 위해서는 멘탈 관리를 잘 해야 한다. 무슨 일이든 처음부터 잘해내는 사람은 없다.

처음 길을 만들어가는 사람들에게는 혹독한 시련이 따른다. 온갖 장애물들이 힘든 상황에 주저앉게 만든다. 내가 처음 신교대 교관으로 지원하고 가고 싶다고 이야기했을 때 주변 남군 선배들이 많은 반대를 했었다. 그때만 해도 여군들이 생활할 수 있는 편의시설이 만들어지지 않았기에 내가 전입을 가면 모든 것이 새롭게 만들어져야 했다. 행군 갔다 와서 여름이면 훈련병들을 바로 샤워하도록 옷을 갈아입히고 물집 환자를 파악해야 하는데 여군이 있으면 시간이 지연되고 힘들 거라는 것이다. 안 된다고만 하는 반대 상황에 무작정 나 좋자고 가겠다고 할 수도 없었다.

하지만 그때는 용기와 패기가 있었다. 지휘관에게 면담을 신청했다. "저는 보병이고 제 직책에 맞는 업무를 하고 싶습니다. 저에게도 똑같이 할 수 있는데 기회를 주셨으면 합니다. 편의를 봐달라거나 배려해달라고 하지 않겠습니다. 임무수행 후 문제가 있다고 판단되시면 그때 다른 보직으로 옮기겠습니다. 하지만 여군이라는 이유로 임무수행을 못 하도록 한다면 제 후배들도 똑같이 기회조차 받지 못할 것 같습니다. 기회를 주시면 열심히 해보겠습니다."라고 말씀드렸다.

솔직히 내가 당돌하다며 곱지 않은 시선으로 보는 선배들도 있었다. 처음에는 잘 알려주지 않았고 내가 실수라도 하면 엄청 혼냈었다. 엄청 억울했던 나는 눈물을 참으면서 이야기했던 적도 있다. "선배가 저한테 인수인계를 정확하게 안 해주니 제가 잘 해낼 수가 없습니다. 하지만 이번에 경험했으니 저 같은 실수는 안 할겁니다. 그리고 잘 해낼 자신 있습니다." 속으로는 엄청 겁나고 두렵기도 했지만 우선은 잘해낼 수 있다고 큰소리를 쳤다. 이런 시련을 견뎌내며 성장해 나갔다. 힘든 일이 닥치더라도 내가 이루고자 하는 최종 목적지만을 생각하면서 견뎌냈다.

불평은 접어두자

험난한 길은 당연한 거라 생각했다. 세상에 대한 불평은 없었다. 나에 대한 좋지 않은 시선을 바꾸고야 말겠다고 생각했다. 똑같이 주변 동료들과 잘 어울리기 위해 노력했다. 말이 아닌 행동으로 보여주고 싶었다. 내가 할 수 있는 일들을 하나씩 해나갔다. 그리고 조금씩 조금씩 인정받았다. 인정받다 보니 하는 일이 즐거웠고 즐겁게 하다 보니 업무에서 성과가 났다. 시간이 지나자 오히려 나에게 도움을 요청하는 동료들이 생겼다. 엄청난 변화가 생긴 것이다.

변화에 수반되는 불편함을 견딜 수 있는 멘탈이 필요하다. 스스로 견딜 수 없을 거라고 과소평가하면 절대 그 상황을 버텨낼 수 없다. 새로운 일을 시작할 때는 이 정도 불편함과 어려움은 충분히 견딜 수 있다고 생각해야 한다. 자신감 있게 행동해 보자. 변화의 기로에서 선택은 내가 하는 것이다. 스스로 용기를 내야 한다. 나도 확신하지 못하는 일을 남들이 응원해 줄 리 없다. 겉으로 안정적으로 보이는 사람들의 내면을 들여다봐라. 압박감을 이겨내고 치열하게 살아온 사람들이다.

책임감이 강한 사람은 더 큰 중압감을 느낀다. 자신의 미래에 대한 걱정이 많은 사람일수록 중압감과 압박감이 더 강하다. 미래에 대한 기대감이 크기 때문이다. 내가 맡은 일 때문에 중압감이 높다면 그만큼 그 일에 집중하고 있는 것이다. 집중해서 일하는 사람들은 성과도 좋다. 중압감을 느낄 때는 현재의 상황을 더 발전시키려는 마음이 내 안에 존재한다고 생각해라. 삶은 호락호락하지 않다. 더 나은 미래를 꿈꾸는 사람은 압박감과 긴장감이 함께한다는 사실을 기억해라.

압박감을 즐기는 승부사가 돼라

중압감, 긴장감 없이 성공할 수 없다. 진정한 승부사는 무언가를 정복해야 한다는 압박감과 스트레스를 항상 느낀다. 압박감을 느끼는 순간을 잘 대처해나가며 자기 역량이 어느 정도인지 증명하기도 한다. 진정한 승부사는 기회가 오는 순간을 놓치지 않는다. 핀란드 민족을 설명할 때는 "시수"라는 단어를 빼놓을 수 없다. 핀란드인들은 불운이 닥치더라도 이보다 더한 일도 견딜 수 있다고 생각한다. 그들에게는 용기와 회복력이 있다. 압박감이 몰려와도 결코 포기하지 않는 그들의 정신은 본받을만하다.

실수와 실패를 두려워할 필요가 없다. 『프린세스, 라 브라바』라는 책에서는 실패란 넘어지는 것이 아니라 넘어진 자리에 머무는 것이라고 했다. 실패를 두려워하는 순간 성장과 배움은 멈춘다. 실수에 대한 부담을 가져서는 안 된다. 오히려 도전하면서 받게 되는 압박을 즐겨야 한다. 실수가 두렵다 생각하면 도전하지 않게 된다. 실수를 통해 배울 수 있는 기회 또한 상실하는 것이다. 압박을 이겨내고 도전하는 모습 자체를 스스로 응원해 줘라. 같은 실수는 두려워해야 하지만 새로운 실수를 두려워할 필요는 없다.

어떤 일을 해야 할 때 정확한 시간 계획을 세우자. 목표가 있다면 일정을 정해놓자. 구체적인 계획을 세우고 스스로를 압박해 보자. 어느새 그 목표를 향해가는 자신을 발견할 수 있을 것이다. 예를 들어 7월 7일까지는 그 일을 해결해야 한다고 못 박아 보자. 압박감은 있지만 정해진 기한 내 그 일을 하게 된다. 모든 일이 내 뜻대로 가고 순조로울 때는 문제가 없다. 일에 기한을 맞추고 성과를 내는 데 어려움이 없다. 하지만 여러 가지 일들이 겹치면 자꾸만 일을 미루게 된다. 압박을 주어서라도 기한을 맞추는 것이 현명하다. 압박감이 있어야만 시간 내에 그 일을 해결할 수 있을 것이다.

가끔은 이런 생각에 빠질 때도 있을 것이다. 이렇게 기를 쓰고 사는 이유가 뭘까? 그런 생각이 들 때면 인도의 현자 달라이 라마의 말처럼 "지금 이 순간 당신이 극복해 내는 힘든 상황은 앞으로 다시는 당신에게 나타나지 않을 것이다." 라고 생각해라. 힘든 상황을 극복해 내는 능력을 키워야 한다. 인생을 마라톤에 비유한다면 마라톤 완주를 위해 가장 필요한 것은 무엇일까? 근육과 폐활량? 아니다. 제일 중요한 것은 고통을 이겨내는 인내심이 가장 필요하다. 좋은 결과에는 그에 대한 대가가 따르는 법이다.

중압감, 압박감, 긴장감을 잘 견뎌내는 방법

고대 체로키 인디언 할아버지가 손자에게 들려주는 이야기는 너무나 유명하고도 감동적이다. "아가야, 우리 마음속에는 두 마리의 늑대가 살고 있단다. 이 두 마리 늑대는 항상 싸우고 있어." 그러자 손자가 묻는다. "왜 싸워요?" 할아버지가 답한다. "두 늑대가 성격이 반대라서 그래. 한 마리는 사악한 늑대야. 두려움과 분노, 질투, 열등감, 헛된 자존심, 후회, 탐욕, 자기 연민, 죄책감 같은 것들이지. 다른 한 마리는 선한 늑대야. 그 녀석은 기쁨과 평온함, 친절과 너그러움, 공감과 연민의 마음을 가지고 있어." "그럼 어떤 늑대가 이기나요?" 할아버지의 답변은 명쾌하다. "네가 먹이를 주는 늑대가 이긴단다." 마음의 압박감이 올 때는 현명한 선택을 해야 한다.

인생에 대한 결과는 아무도 모르기에 흥미진진하다. 인생의 목표는 두려움의 대상이 아니라 흥미진진한 대상인 것이다. 우리는 중압감과 압박감을 이겨내고 무엇인가를 해내야 한다. 내가 원하고자 하는 목표를 이루기 위해 치러야 할 대가에 대해 생각해 보자. 대가를 지불할 능력이 나에게 있는지 냉정하게 판단해 봐야 한다. 부족하다면 채우면 된다. 부정적 감정에 싸여 중도에 포기하면 절대 안 된다. 어려운 상황을 견디고 결승점에 도달하면 상상도 못 하는 일이 우리를 기다리고 있다. 긍정적 마인드를 가지고 견뎌야 한다.

힘들 때는 마음을 이완하는 방법을 사용해 보자. 가장 빛나는 꼭대기에 오르지 못해도 괜찮다. 불안해하지 않아야 한다. 불안해서는 안 된다는 생각에 너무 집착하면 저항을 불러일으킬 수 있다. 오히려 충분히 불안할 수 있다고 생각하자. 불안한 마음을 이완하기 위한 방법으로 명상과 복식호흡을 하는 것이 효과적이다. 명상을 통해 생각을 전환하는 것도 중요하다. 주목받는 자리가 아니라고 너무 서운해할 필요가 없다. 너무 주목받는 삶은 피곤하다. 내가 하고 싶은 일을 자유롭게 할 수 있는 자리에 있다는 사실에 만족하자.

어떤 일을 선택한 후 이루어지는 결과에 대해 과거에 대한 후회보다는 미래형 다짐을 하자. 과거에 왜 그랬을까 하는 후회는 필요 없다. 앞으로 이렇게 해야지라는 미래형 다짐이 필요하다. 물론 선택에 대한 결과가 모두 좋을 수만은 없다. 하지만 내가 선택했을 경우 누구의 탓도 아닌 내 반성을 하게 된다. 그리고 성장한다. 같은 실수를 반복하지 않게 된다. 압박감이 없다면 인생은 행복할까? 스트레스가 전혀 없을까? 그렇지 않다. 발전 없는 본인의 모습에 더 불안한 마음이 들 것이다.

Important Notes

인생이라는 마라톤 완주를 위해 필요한 것: 고통을 이겨내는 인내심

긴급 대처법:
걱정과 두려움의 즉각 해결법

군에 와서 결혼을 했고 임신을 하게 되었다. 그 시기에는 임신을 했다고 근무가 열외 되는 것도 아니었다. 물론 주변 사람들의 배려로 배가 많이 나오는 막달에는 근무가 열외 되기도 했지만 그 자체가 주변 사람들에게 눈치 보이고 미안한 마음이었다. 나는 한여름에 아이를 낳았는데 8월 11일까지 출근을 하고 12일 날 바로 출산을 했다. 90일 출산휴가를 마치고 너무나 어린아이를 두고 다시 출근을 해야 한다고 생각하니 마음이 아프고 답답해졌다. 걱정과 스트레스로 하루하루를 보냈던 것 같다. 긴 육아휴직을 하게 되면 왠지 다시 군으로 돌아오는 데 자신이 없어질 것 같은 생각이 들었다. 쓸데없는 걱정인데 그때는 왠지 둘 다 포기하고 싶지가 않았다. 그런데 육아와 군 생활 둘 다 잘하려다 보니 오히려 둘 다 잘 안 되고 자꾸만 오류가 생겼다. 돌아보니 스스로 쓸데없는 걱정과 두려움을 안고 생활했던 것 같다.

현재가 불안하다면 응급조치가 필요하다

군 생활을 하며 육아까지 병행하는 것이 쉽지 않았다. 몸도 지치고 에너지도 고갈되어 군 생활을 그만두는 것이 답인 것인가? 많은 고민을 했었다. 그 시기 다행히 부모님께서 아이를 봐주시기는 했지만 그 중간 과정이 쉽지는 않았다. 아이가 이유 없이 울 때면 새벽에 전화가 와서 더 이상 아이를

3군 사령부 유격훈련

못 보겠다고 데려가라고 해서 밤새 울었던 기억도 있다. 아마 나이 드신 어머니도 아이를 보는 것이 쉽지 않았을 것이다. 늘 죄송한 마음이었다. 하루에도 몇 번씩 수만 가지 생각이 오갔다. '무엇을 위해서 이렇게까지 해야 하는가? 그렇다고 지금까지 해 온 게 있는데 이렇게 그만두는 것은 너무 아깝잖아.' 하루하루가 불안했다. 남들이 나를 욕하는 것 같고 아이에게도 부족한 엄마라는 생각에 죄책감이 들었다. 스스로 마음에 응급처치가 필요했다.

육아와 군 생활을 완벽하게 해낼 수는 없다. 하지만 둘 다 잘해내고 싶었다. 그럴수록 우울한 감정은 더 들고 어떻게 해야 할지 앞이 보이지 않았다. 아마도 나와 같은 길을 가는 여자 동료들이 많이 없었기에 더 그런 마음이 들었던 것 같다. 제도적으로도 육아에 대한 배려가 많이 없던 시기였기에 눈치를 주지 않아도 스스로 눈치를 봐야만 했다. 사람이 어떻게 완벽할 수 있겠는가? 오히려 부족한 것은 인정하게 되고 남들에게 도움도 받으며 그렇게 하루하루를 버텨 나갔다.

아이를 낳고 얼마 되지 않아 바로 출근을 했다. 왠지 그때 쉬어버리면 영영 출근을 못 할 것 같은 마음이 들어서 빠르게 출근을 한 것도 있다. 모유 수유를 하던 중이라서 억지로 모유가 나오지 않도록 약을 먹고 다시 체력을 키우기 위해 부단히 노력했었다. 그렇게 애쓸 필요가 없었는데 왜 그렇게까지 했을까 싶은 마음도 든다. 지금은 후배들에게 아이의 유아시절을 함께 보낼 수 있는 시기는 평생에 한 번뿐이니 되도록이면 육아휴직을 해서 아이와 함께하라고 조언해 준다. 내가 그러지 못해서 후회스러운 마음이 커서 그런 말을 자주 하게 되는 것 같다. 그리고 무엇보다 자기 자신을 위해서 쉬엄쉬엄 충전하는 시간을 가져야 더 멀리 도약할 수 있다고 말해준다.

자신감이 없어지고 걱정하는 마음이 커질 때면 스스로 용기를 낼 수 있는 말들을 되뇌었다. 되도록이면 긍정적인 말을 사용하려고 애를 썼다. 부정적인 사고에 빠지지 않기 위해 부단히도 노력했던 것 같다. 스스로를 격려해 주었다. 사랑하는 친구에게 조언하듯 스스로에게 도움이 되는 말과 힘이 되는 말을 해 주었다. '나는 잘될 거야. 분명히 잘 해낼 수 있어'라고 나를 안심 시킬 수 있는 말을 계속했다. 사람은 자기가 말하는 대로 인생을 살아간다는 사실을 잊어서는 안 된다.

자신을 믿어라

마틴 루터(Martin Luther)는 이야기했다. "새가 내 머리 위를 날아가는 것은 막을 수 없다. 하지만 새가 내 머리 위에 둥지를 틀지 않게 할 수 있다." 살다 보면 내가 원하지 않는 일을 겪을 수도 있다. 하지만 원하지 않는 일을 겪었을 때 내 마음가짐에 따라 그 상황에서 빠르게 빠져나올 수도 있다. 생각을 단번에 바꾸기는 어렵다. 어떤 일이 생겼을 때 긍정적 사고로 돌리는 것도 꾸준히 노력이 필요하다. 사건을 바꿀 수는 없지만 나의 인식은 바꿀 수 있다. 이미 일어난 사건에 어떤 의미를 붙이느냐는 나의 마음가짐에 달려 있다.

평상시 자신이 편향된 생각을 가지고 상대를 대하는 것은 아닌지 돌아볼 필요가 있다. 상대방의 행동이나 태도를 내 기준에서 부정적으로 예단하는 습관을 버려야 한다. 예를 들어 내가 문자를 보냈을 때 바로 답을 하지 않는다 해서 나를 꼭 무시하는 것은 아니다. 단정 지어 생각할 필요가 없다. 다른 바쁜 미팅 때문에 답하는 시기를 놓쳤을 수도 있다. 아니면 내 문자가 부담이 되어 어떻게 답변해야 할지 고민하다 시간을 놓쳤을 수도 있다. 숫기가 없는 사람들은 적극적인 답변이 어려울 수도 있다. 한편으로 내 문자에 답하지 않을 정도로 날 신경 쓰지 않는 사람이라면 그 사람 때문에 스트레스 받을 필요조차 없다.

부정적인 생각이 계속될 때는 자신을 믿는 방법밖에 없다. 두려움과 직면해도 '나는 해결할 수 있어.'라고 자신감을 갖는 것이 좋다. 자신감으로 두려움을 떨쳐내는 것이다. 자신을 과소평가하고 자신의 능력을 의심하지 말아라. 자신이 과거 성취했던 경험을 돌아보면 자신을 믿을 수 있을 것이다. 자기 최면을 걸어 보자. '넌 잘할 수 있어. 넌 꼭 해낼 거야' 그리고 도전했다 실패하게 되더라도 성장과 배움의 기회로 삼았다고 생각해라. 두려움은 누구나 갖는 감정이다. 자기 효능감을 키워 극복해 보자.

우울한 사람들은 부정적인 것들로 머릿속이 가득하다. 어떻게 좋은 것은 모두 무시하고 좋지 않은 일들에만 집중하는지 안타깝다. 부정적인 생각에서 빠르게 빠져나와야 한다. 머리를 비우고 쓸데없는 생각에서 벗어나 보자. 그런 다음 행복한 생각을 해보자. 보기만 해도 웃음이 나오는 귀여운 반려동물을 떠올려도 좋고 그냥 기분 좋은 상태를 유지해 보자. 나폴레온 힐의 책 『생각하라 그리고 부자가 되어라』에서는 "잠재의식은 용기나 믿음에서 촉발된 생각뿐만 아니라 공포로 촉발된 생각 역시 실현한다."라고 하였다. 자기 암시의 강력한 힘을 이야기해준다. 머릿속을 긍정적인 생각으로 가득 채워야 하는 이유이다.

걱정과 두려움이 지속될 때 즉각적 응급조치를 하는 방법

쑤린의 『어떻게 인생을 살 것인가』에 보면 "약자는 기분이 행동을 지배하지만 강자는 행동이 기분을 지배한다."라는 말이 나온다. 감정이란 전염병처럼 다른 사람의 기분까지 변화시킨다. 우울한 기분을 전파하는 사람이 되어서는 안 된다. 좋은 영향을 주는 거라면 좋겠지만 나쁜 영향을 준다면 당장 멈춰야 한다. 내 주변 사람들이 나로 인해 우울한 감정을 감당해야 할 의무는 없다. 내가 감정 상하는 일을 겪었더라도 그 감정을 퍼뜨리지 않고 잘 다스리는 것이 곧 성숙함이다.

걱정과 두려움이 지속된다면 내 문제를 정확하게 파악해보자. 도대체 이런 부정적인 감정은 왜 생기는 것인지 걱정은 걱정을 낳게 된다. 우울의 소용돌이에 빠지면 쉽게 나올 수가 없다. 잘해야 한다는 강박에서 벗어나야 한다. 스스로의 높은 기대치를 낮춰보자. 사람은 누구나 실수를 한다. 실수를 하지 않는 사람이 되려고 애쓰기보다는 포기하지 않는 사람이 되려고 노력하자. 실수했을 때 다시 보완해서 도전하는 마음을 갖는 것이 중요하다. 단번에 무엇인가를 만들어내지 못한다 해서 실패한 것이 아니다. 실패했을 때 다시 도전해야 성공을 맛볼 수 있다는 사실을 기억하자.

사람들은 각자 다양한 삶을 살아간다. 마음의 형태도 다르고 걱정과 두려움을 느끼는 상황도 모두 다르다. 열심히 살수록 걱정과 두려움이 생기고 누구나 번아웃을 겪게 된다. 그럴 때는 일단 쉬어야 한다. 걱정되고 두려운 일에서부터 벗어나 쉬어보자. 방전이 코앞인데 무조건 힘을 내서 달리려고 하면 오히려 탈이 난다. 잠시 멈추고 재충전의 시간을 가져보자. 조급하게 생각할 필요가 없다. 마음의 충전이 완료된 후에 미루었던 일을 하나씩 해결해도 늦지 않는다.

걱정과 두려움에 빠질 겨를도 없이 바쁘게 살아보자. 데일 카네기의 『자기관리론』에 이런 말이 나온다. "비참해지는 비결은 자신이 행복한지 아닌지에 대해 고민할 여유를 갖는 것이다." 이제 걱정과 고민은 그만하자. 내가 당장 할 수 있는 일에 집중해 보자. 자신의 삶을 사랑하는 사람들은 삶을 바쁘게 살아간다. 더 행복하게 살기 위해 더 여유로워지기 위해 노력한다. 남들보다 조금 더 하루를 일찍 시작하고 조금 더 바쁘게 하루를 꽉 채워 보아라. 걱정과 두려움에 빠질 시간이 없을 것이다.

Important Notes

가능하다고 믿어야 가능해진다: 불가능하다고 믿는 사람에게 가능성은 도망간다.

통제의 기술:
내 손에서 벗어난 것들 포기하기

　　군 생활을 하다 보면 내 의지로도 어쩔 수 없는 일들이 발생한다. 갑자기 부대가 개편되어 내가 다른 부대로 떠나야 하는 순간이 오고 보직을 옮겨야 하는 경우도 발생한다. 내 힘으로도 어쩔 수 없는 일이 발생했을 때 너무 스트레스를 받아서는 안 된다. 내가 원하는 방향이 아니더라도 다른 길을 찾으면 된다고 생각해야 정신건강에 좋다. 나 또한 근무하던 과가 없어져서 부대를 옮겨야 하는 상황이 생긴 적이 있다. 물론 속상한 마음도 컸지만 나는 부대를 옮겨서 더 좋은 지휘관과 더 좋은 동료를 만날 수도 있다고 생각했다. 새로운 일을 해보는 것도 나쁘지 않다고 생각했다. 이미 발생했고 내가 어떻게 할 수 없는 일에는 스트레스를 받지 않고 미련을 버리는 것이 좋다. 스트레스는 만병의 근원이다.

내가 통제할 수 없는 것은 포기해야만 하는 이유

마르쿠스 아우렐리우스(Marcus Aurelius)는 "내 마음대로 할 수 있는 건 나의 마음뿐이며, 외적 요소는 통제할 수 없다. 이 사실을 깨달으면 용기를 얻을 수 있다."라고 하였다. 나의 영향력을 벗어난 일에는 집착을 버려라. 내가 바꿀 수 있는 일에만 집중하자. 내가 영향을 줄 수 없는 일에 에너지를 쏟는 것은 시간을 낭비하는 것이다. 쓸데없는 일에 에너지를 낭비하지 말자. 세상일은 내 뜻대로 되지 않는다. 마음의 여유 공간이 생길 때 내가 영향력을 발휘할 수 있는 일들이 보인다. 그때 나의 에너지를 집중해 보자.

쓸데없는 걱정에서 벗어나라. 내가 걱정해서 바뀌지 않은 일에 대해서 왜 걱정을 하는가? 한 주 동안 했던 걱정을 적어보자. 내가 걱정을 해서 개선된 일이 있는가? 생각만으로 해결된 일은 없을 것이다. 우선은 내가 할 수 있는 일들을 해보자. 그리고 기다리자. 인내심을 가지고 결과를 기다려야 한다. 올바른 방향으로 가고 있다면 너무 걱정할 필요가 없다. 조바심은 접어두자. 내가 통제할 수 없는 일이라면 하늘의 뜻을 기다려야 한다. 열심히 노력했다면 그것으로 충분하다.

다른 사람을 내 뜻대로 통제할 수 없다. 사람들을 통제하려 하고 집착하다 보면 인간관계를 망친다. 사람들에게 간섭하고 지시하고 잔소리를 해봐라. 아마 모든 사람들이 등을 돌릴 것이다. 타인을 내 기준에 맞춰서 쉽게 판단해서는 안 된다. 나와 그 사람은 관점이 다를 수 있다고 생각해라. 통제하고자 하는 욕구를 포기해라. 오히려 사람들과의 관계가 원만해질 것이다. 내 기준으로 옳은 결정이라 단정 지어서는 안 된다. 내가 판단하는 내 기준에 최선의 결정을 했을 뿐이다.

일상에서 일어나는 많은 일들 중에 우리의 통제 범위 밖에 있는 일들이 훨씬 더 많다. 하지만 일어나는 일들에 대한 반응은 스스로 선택할 수 있다. 세상을 살아가다 보면 좋지 않은 일은 꼭 일어나게 되어 있다. 그럴 때는 '세상 내 맘대로 되는 게 없구나'라고 쿨하게 생각하고 넘길 줄도 알아야 한다. 내가 통제할 수 없는 일까지 통제하려 하고 스트레스를 받게 되면 멘탈은 흔들린다. 유연하게 생각해 보자. 세상일은 내 맘대로 되지 않기에 오히려 뜻하지 않은 행운이 따라오기도 한다.

내가 바꿀 수 있는 일에만 집중하기

나보다 뛰어난 사람과 나를 비교하면 부정적인 생각에 빠지기 쉽다. 내가 갖지 못한 부분을 속상해하고 비교로 인해 스스로를 평가절하하기도 한다. 그럴 필요가 없다. 당장 나를 바꿀 수 없다면 내가 가진 것에 감사하는 마음을 갖자. 남과 비교하지 않고 나 자신만을 생각했을 때는 장점이 많은 사람일 것이다. 비교하는 인생을 살다 보면 영원히 행복할 수 없다. 조금만 현명하게 생각해 보자. 통제할 수 없는 것에 집착하기보다는 내가 바꿀 수 있는 일에 집중하자. 나의 생각을 긍정적으로 바꾸면 얼마든지 행복하게 지낼 수 있다.

행복해지려면 내가 바꿀 수 있는 일에 집중해야 한다. 세상에서 제일 쉬운 것은 내 마음을 바꾸는 것이다. 상대방이 미워지는 마음이 생기면 내가 의식적으로라도 좋아하는 마음으로 바꿔야 한다. 나의 어두운 과거는 바꿀 수 없다 하더라도 나의 미래는 내가 노력해서 바꿀 수 있다. 사랑하는 가족도 내 뜻대로 바뀌지 않는다. 자식도 마찬가지이다. 한 인격체이기에 내 뜻대로 바꿀 수가 없다. 바뀌지 않는 상대방을 바꾸기 위해 쓸데없는 노력을 하지 말고 나 자신을 바꾸기 위한 노력을 해보자.

내 생각을 바꾸는 것만으로도 고민을 해결할 수 있다면 뭘 망설이는가? 생각을 바꾸고 바로 실천으로 옮겨보자. 나 자신을 통제해 보는 것이다. 켈리 최가 쓴 『웰씽킹』에서는 "통제력이란 내가 원하는 삶에 도달하기 위해 아주 조금씩 나아가는 힘이다. 내가 바꿀 수 있는 것에 집중함으로써 새로운 판도를 여는 힘이다."라고 하였다. 과거에 빠져 산다면 절대 발전은 없다. 내가 할 수 있는 일들에 집중하고 실행해 옮겨야 한다. 미래지향적인 도전을 할 때 삶의 변화도 생기는 것이다.

내가 할 수 없는 일에는 미련을 갖지 말자. 내가 잘하고 바꿀 수 있는 일에 집중해야 한다. 내가 할 수 없는 일에 집착하는 것은 시간 낭비일 뿐이다. 그 집착은 후회와 자책 미련만 남긴다. 삶을 더 부정적으로 만든다. 내가 할 수 있는 일에 집중할 때 삶의 변화가 일어나고 개선이 된다. 과거는 어쩔 수 없지만 현재와 미래는 내가 어떻게 하느냐에 따라 달라지는 것이다. 현재를 충실하게 살다 보면 미래는 밝을 수밖에 없다. 과거에 집착해서 ~했었더라면 이런 쓸데없는 생각은 버려라. 악순환만 계속될 뿐이다.

내가 통제할 수 있는 일에 집중하는 방법

내가 통제할 수 없는 일에 대해서 과감히 포기할 때 스트레스가 줄어든다. 우선은 나의 상황을 있는 그대로 받아들이자. 과거의 집착에서 벗어나서 지금 있는 그대로의 모습을 허용해 주는 것이다. 현재의 모습에서 더 발전하기 위해 노력하고 행동으로 실천하자. 내가 통제할 수 있는 일에 집중하는 것이 중요하다. 현재 주어진 일에 최선을 다하자. 과거는 이미 지나간 일이다. 내 가족들도 내 자식도 내 뜻대로 통제할 수 없다. 내가 통제할 수 있는 것은 나 자신뿐이라는 사실을 명심하자.

내가 잘 못하는 것, 노력해도 안되는 일에 집착하지 말자. 부정적인 생각에서 벗어나야 한다. 내가 통제할 수 있는 일에 집중해 보자. 내가 잘하는 것 내가 해내야 하는 일이 무엇인지 살펴보자. 통제할 수 있는 일 해야 할 일들 중에서도 우선순위를 정해보자. 중요하다고 판단되는 일이 있을 것이다. 마음먹어서 안되는 일은 없다. 꼭 해내겠다는 생각을 가져라. 선택은 나에게 달려 있다. 스스로 꼭 해낼 수 있는 능력이 있다는 사실을 기억해라. 그리고 시작했다면 끝을 보아라.

내가 통제할 수 없는 일은 순순히 받아들이자. 살아가다 보면 내가 통제할 수 없는 사건 사고가 종종 일어난다. 갑작스러운 교통사고, 천재지변 등 내가 통제할 수 없는 일은 있는 그대로 받아들여야 한다. 그리고 '오히려 이만해서 다행이다.'라는 감사하는 마음을 가져야 한다. 사람은 세상의 큰 흐름을 거스를 수 없는 미약한 존재일 뿐이다. 어린 나이에

죽음을 맞아하는 사람도 있고 노력했지만 좋지 않은 결과를 받는 사람들도 있다. 누구에게나 일어날 수 있는 일이 나에게 일어난 것뿐이라고 생각해라. 주저앉지 말고 다시 시작하면 된다.

통제 불가능한 일을 내가 통제하려는 마음이 들 경우 스스로 질문해 보자. 나는 과연 무엇이 걱정되는 것인가? 다른 사람들이 잘못된 선택을 할 것 같아서 걱정되는가? 쓸데없는 걱정을 할 필요가 없다. 사람들은 각자 최선의 선택을 한다. 통제 불가능한 일은 내가 아무리 노력해도 통제할 수 없다. 내가 통제력의 균형을 잡고 싶은가? 그렇다면 내가 통제 가능한 일이 무엇인지만 정확히 알아도 된다. 지혜로운 사람은 자기가 통제할 수 있는 일에 집중하고 최선을 다한다.

Important Notes

할 수 있는 것과 할 수 없는 것 구분하기: 안 되는 것은 포기할 때 행복이 찾아온다.

PART 2

생각의
혁명

성장의 밑거름 "도전": 새로운 것을 찾아라

어릴 적 나는 남들 앞에 서면 부끄러워서 목소리는 작아지고 얼굴은 홍당무처럼 빨개졌었다. 하지만 신병교육대대 교관으로 7년 근무한 후에는 어느 누구 앞에서도 당당하게 말할 수 있는 용기를 갖게 되었다. 군에서도 안정감을 느끼고 문제없이 지내고 있을 때쯤 또 다른 도전을 하게 되었다. 육군 모집홍보관을 선발한다는 공고문을 본 후 육군 모집홍보관이 되어 육군 간부를 홍보하는 일을 해야겠다고 마음먹었다. 더 넓은 세상을 경험해 보기 위해 용기를 낸 것이다. 20살 초반의 풋풋했던 어린 교관은 어느덧 30살 중견 간부가 되었고 결국 육군 모집홍보관으로 선발되어 대한민국 육군 간부의 우수성을 알리기 위해 당당하게 강단에 섰다. 천명이 넘는 학생들 앞에서도 당당하게 강의하고 있는 모습! 21살 군에 처음 도전했던 홍명숙은 절대 상상할 수 없는 일이다.

대학교 육군모집설명회

새로운 도전을 시작하다

육군본부에서는 전국 단위로 장교, 부사관, 군무원 등을 모집하고 있었다. 서울, 경기, 강원, 충청, 전라 등 5개 대권역을 다시 인구 밀집 정도를 고려하여 12개 소 권역으로 구분하여 각각의 지역에서 장교, 부사관, 군무원들을 모집하는 육군 모집홍보관을 운용하였다. 육군 모집홍보관으로 5년 동안 일을 했는데 주요 임무는 입영대상자인 대학생, 고등학생 등을 대상으로 설명회를 통해 육군에 대한 긍정적인 이미지를 심어주고 궁극적으로는 간부로의 입대를 유도하는 것이었다. 각 대학의 입학 사정관과 유사한 제도이다.

내가 처음 특전사를 지원했을 때 만났던 군인은 누구지? 곰곰이 생각해 보니 그 군인이 특전사 모집홍보관이었다. 시간이 흘러 내가 그 일을 할 수 있는 기회를 얻게 된 것이다. 육군 모집홍보관을 모집한다는 육군본부의 모집공고문을 확인하는 순간 가슴이 뛰기 시작했다. 새로운 도전을 해야겠다고 마음먹었다. 물론 험난한 과정도 있었다. 지휘관부터 주변 동료까지 안정적인 생활을 뒤로하고 왜 다른 일을 하려고 하냐며 말렸었다. 하지만 주변의 만류와 걱정은 빛나는 호기심을 꺾을 수 없었다.

주변 동료들의 만류도 이해가 되었던 것은 당시의 제도라면 나는 전역할 때까지 그 부대에서 생활할 수 있었고 당연히 누구보다 안정적인 군대 생활과 가정생활을 할 수 있었다. 30대 가정이 있는 여군이 아이도 있는데 굳이 연고도 없는 새로운 부대로 발령받기를 희망하는 것을 흔치 않은 일이었다. 하지만 나는 물은 고이면 썩는다고 생각한다. 늘 새로운 것에 도전하고 발전하는 삶을 살아가야 살아있음을 느낀다. 물론 이런 선택이 가능한 것은 가족들이 나의 생각을 늘 존중해 주고 응원해 주기 때문이다. 그래서 항상 고마움을 느끼고 있다.

육군 모집홍보관은 보람을 느낄 수 있는 업무였다. 새롭고 흥미로웠다. 대학 강의실이나 고등학교 교실, 또는 강당에서 육군 간부를 소개할 수 있는 자료를 만들어서 프레젠테이션 설명회를 하는 그 순간이 너무도 즐거웠다. 학생들의 호기심 어린 눈동자는 마치 내가 군에 도전하려고 마음먹은 그때의 모습과 너무 닮아 있었다. 물론 나도 처음부터 설명회를 능숙하게 하지는 못했다. "다, 나, 까"로 끝나는 군대용어에 익숙했던 나는 특히나 교관을 하면서 더욱 딱딱한 언어를 구사하고 있었는데 그걸 바로 한 번에 바꾸기는 어려웠다.

누군가에게 선한 영향력을 줄 수 있다면…

학생들을 대상으로 처음 설명회를 했을 때가 생각난다. 내 교육에 참관했던 선생님이나 학생들이 집중하지 못하는 것을 느꼈다. 아마도 군대식의 딱딱한 말투와 군대식 용어가 이해되지 않아서 그랬을 것이다. 그때 나는 뭔가 잘못됐다는 것을 깨닫게 되었다. 생각해 보면 군대 교관이 훈련병들을 대상으로 하는 용어들을 사용해서 학생들에게 설명하고 있으니 분명 재미가 없었을 것이다. 문제를 알았으니 답을 찾는 것은 어려운 일이 아니었다. 말투를 바꾸고 재미를 첨가

하면서 요점을 간결하게 하는 것이 해답이었다. 시간이 지날수록 점차 나아지는 나를 발견했다.

이렇게 시간이 지날수록 선생님과 학생들의 입소문을 타고 홍보설명회를 요청하는 대학과 고등학교가 늘어났다. 심지어 진로교육법 개정으로 중학교에서도 요청이 들어왔다. 학생들의 신분에 따라 설명회 자료는 업데이트하였다. 중학생은 흥미 위주로 고등학생은 흥미와 선발과정 위주로 대학생은 선발과정에 대한 실질적인 이야기 위주로 풀어나갔다. 보통 한 시간의 시간이 주어지는데 한 시간이 마치 10분도 되지 않는 것처럼 느껴질 때가 많았다. 학생들의 호응이 좋을수록 신이 났다.

가장 행복했던 것은 내 설명회를 듣고 진로를 결정한 여학생이 당당히 여군 간부가 되어 나에게 연락을 주었을 때였다. 나에게 감사하다고 했다. 군대라는 곳을 직업으로 선택하고 도전하고 복무하는 모든 과정이 좋다고 했다. 그래서 내가 생각났고 고마웠다고 했다. 내가 누군가의 인생에 도움을 주는 역할을 했다는 것에 커다란 만족감을 느꼈다. 누군가의 인생을 바꿀 수도 있는 직책이라는 생각이 드니 책임감으로 어깨가 무거웠다. 내가 그들의 길잡이가 될 수도 있다고 생각하니 더 잘 살아야 한다는 생각이 들었다.

그때 비로소 나의 선택이 틀리지 않았다는 확신이 생겼다. 안정적인 삶이란 한 지역에 머무르고 한 부대에 근무하고 한 업무를 지속하는 것이 아니다. 군 생활 속에서도 내가 만족감을 느낄 수 있는 일을 찾고 도전하고 또 그 속에서 열심히 하고 성취를 느끼는 것이 정말로 행복한 삶이라는 생각이 들었다. 내가 즐겁고 만족하는 삶을 살아야 주변 사람들에게도 좋은 영향을 줄 수 있는 것이다. 행복한 에너지를 주변에 주려면 스스로 행복해야 한다.

삶의 목표를 설정하는 방법

인생을 바꾸기로 마음먹었는가? 결심이 중요하다. 그 결심은 어떠한 상황에서도 희생을 감수할 수 있을 만큼 의미있는 목표여야 한다. 다른 사람들은 속일 수 있어도 스스로를 속일 수는 없다. 삶의 목표가 명확한 사람들은 변화를 두려워하지 않는다. 운전대는 내가 잡고 있고 내가 원하는 방향으로 가면 된다. 변화할 준비가 되었다면 내가 되고 싶은 사람처럼 행동해라. 의심해서는 안 된다. 마음의 준비가 되었다면 목표를 세우고 기한을 정해서 실천해라. 나의 결심에 방해가 되는 걸림돌이 있다면 미리 치워두는 것이 좋다.

자기의 발견과 탐구가 우선되어야 한다. 자신의 강점과 관심사를 알고 자기 인식을 통해 무엇이 중요한지를 파악해야 한다. 이때는 내가 속한 조직의 한계를 넘어 나만의 지향점과 가치를 발견해야 한다. 과거의 나에서 벗어나 미래의 나와 많은 대화를 해보자. 되도록 목표를 달성하는 데 있어 안 될 이유보다 될 이유를 찾아보자. 긍정적인 것과 부정적인 것은 늘 함께 공존한다. 이때 우리를 움직이는 것은 우리의 인식이다. 긍정적 자기 확신이 있어야 불안에서 벗어날 수 있다.

세상에 무한한 것은 없다. 어느 누구에게도 세상은 유한하다. 한 사람도 빠짐없이 죽음 앞에서는 공평해진다. 제한된 시간 안에서 달성 가능한 목표를 설정하기 위해서는 우선순위를 정해야 한다. 어떤 것이 더 의미 있고 중요한지에 대한 우선순위를 정해야 한다. 진정한 가치를 식별할 수 있어야 한다. 건강, 가족, 친구, 종교, 돈 등 내가 가장 중요하게 생각하는 것이 무엇인지 고민해 보자. 현실적이지 못하고 실현 가능성이 없는 목표는 아무런 의미가 없다. 제한된 시간 안에서는 실현 가능한 목표를 설정해야 한다.

삶의 목표를 설정하는 데 있어서 자기만족감과 즐거움이 있어야 한다. 자기 성장과 발전을 위한 목표를 설정하면 즐거움이 뒤따른다. 지금보다 훨씬 풍요로운 삶을 살 수 있을 것이다. 건강한 식습관을 유지하고 운동을 통해 몸과 마음을 건강하게 하는 것은 기본이다. 일에만 몰두하기보다는 다른 사람들을 돕고 선한 영향력을 끼치는 일을 해야 한다. 여행을 통해 새로운 장소를 탐험하고 경험을 쌓는 것도 좋다. 일상에서 벗어나 새로운 사람들을 만나보면 더 넓은 관점을 갖게 된다. 여행을 통해 재충전을 하게 되면 몸과 마음이 치유된다.

Important Notes

내 인생이라는 배의 선장: 바로 나 자신

긍정적인 상상:
불확실한 미래를 현실로 만드는 힘

내가 원하던 일을 결국 해냈다고 상상해 보자. 너무나 황홀한 기분이 들 것이다. 큰 성공이 아니더라도 괜찮다. 내가 하고 있는 분야에 전문 자격증을 취득해 봐라. 주변 사람들도 나를 인정해 줄 것이고 전문가로 성장할 수 있을 것이다. 작게는 대대급 경연 대회에서 1등을 하게 되면 다음에는 더 큰 대회에 도전할 수 있는 용기가 생긴다. 그렇게 조금씩 성장해 나가는 것이다. 성공을 맛본 후에는 그전으로 돌아갈 수 없다. 자동차 왕 헨리 포드는 "당신이 할 수 있다고 생각하든 할 수 없다고 생각하든 당신의 생각은 옳다."라고 이야기했다. 나도 이 말에 전적으로 동의한다. 무슨 일이든 마음 먹기에 달려 있다. 남들이 어떻게 생각하든 그건 중요하지가 않다. 스스로를 의심해서는 안 된다. 내가 마음먹은 일은 반드시 해낼 수 있다고 믿어야 한다. 강한 멘탈을 가지고 과감

한 · 미 여군부사관 간담회 패널

하게 도전해 보자. 내가 이루고자 하는 상상을 현실로 만들
수 있을 것이다.

좋은 상상을 해야 하는 이유

사람은 생각하는 대로 살아가야 한다. 그렇지 않으면 살
아가는 대로 생각하게 된다. 인생을 살아가는 나만의 원칙이
있어야 한다. 원칙이 없다면 생각지도 못했던 다른 길로 빠
지기가 쉽다. 확고한 신념을 가지고 도전하는 자세로 임할
때 성공에 더 가까이 다가갈 수 있다. 지나친 걱정과 두려움

은 도움이 되지 않는다. 내가 원하는 것을 이루었을 때의 행복한 상상을 하면서 버텨라. 내가 이루고자 하는 목표가 명확해야 한다. 생각하고 계획한 대로 살아갈 때 강한 멘탈도 장착할 수가 있다.

나는 하고자 하는 목표가 생기면 나 자신을 믿고 과감하게 도전한다. 꼭 해낸다. 할 수 있다고 생각한다. 실패에 대한 두려움보다 하고자 하는 의지가 더 크기에 버틸 수 있다. 군대도 그랬다. 내가 특전사에 지원하겠다고 했을 때 모든 사람들이 과연 할 수 있을까라며 의심했다. 하지만 스스로는 단 한 번도 의심한 적이 없다. 나는 어떻게 합격할지를 넘어서서 합격한 후 생활들을 걱정했다. 하고자 하는 일이 있고 열심히 노력하면 못 할 일은 없다고 생각한다. 생각이 확고하고 간절히 원하면 방법이 떠오르게 되어있다. 확고한 소신이 있다면 멘탈이 강해지고 주변의 우려에도 흔들리지 않게 된다.

군인이 된 후 체력을 키워야겠다는 생각이 든 날부터 나는 매일 뛰었다. 마라톤에서 완주하고 체력검정에서 선두에 들어오는 상상을 하며 뛰었다. 비가 오나 눈이 오나 하루도 거르는 날이 없었다. 무식하게 기초체력을 키우는 것에 집중했다. 피로골절이 걸리고 다리가 마비된 것 같은 통증을 느끼면서도 매일 운동을 했다. 목표가 정해졌으니 결과에 도달할 때까지 앞만 보고 달렸다. 그 결과 하루 이틀 일 년이 지나고 나니 나도 모르게 체력이 향상되었다. 늘 힘들어 멈춰 서야 했던 구간을 쉬지 않고 뛸 수 있게 되었다. 콩나물시루에 물을 부으면 다 빠져나가는 것 같지만 어느 순간 쑥 자라나는 것처럼 나는 그렇게 성장했다.

군 생활을 하던 중 검은 모자를 눌러쓴 멋진 교관이 되고 싶다는 목표가 생겼을 때도 똑같다. 나는 키도 작고 덩치도 작았지만 포부만큼은 누구보다도 컸다. 교관이 되기 위해 체력과 강의능력을 키웠고 기회가 오면 꼭 도전하리라 생각했다. 멋진 교관이 되어 있는 나의 모습을 상상했다. 상상만으로도 행복했다. 결국 교관에 도전할 수 있는 기회가 생겼고 나는 기회를 잡았고 교관이 되었다. 7년을 근무하고 우수교관까지 했으니 상상을 현실로 바꾼 것이다. 할 수 있다고 생각하든 할 수 없다고 생각하든 선택은 나에게 달려 있다. 어찌 보면 가장 단순한 이 원리가 성공을 가르는 핵심이다

내가 하는 상상은 현실이 된다

좋은 생각을 하고 마음의 중심을 잘 잡는 것이 중요하다.

멘탈이 강하고 남들보다 앞서가는 사람들은 여유가 있다. 일이 잘 풀리는 사람들은 다른 사람들을 미워하거나 시기하지 않는다. 최선을 다해 꿈을 쫓아가고 있다면 스스로를 믿어라. 언젠가 나의 시대는 올 것이다. 분명히 노력한 대가는 달콤한 결과로 다가온다. 좋은 결과가 있으면 세상은 아름답게 보인다. 멘탈이 흔들릴 일도 없다. 도전적이고 발전적인 생각을 하자. 그리고 실천해 보자. 좋은 결과로 보답할 것이다.

'나는 무엇이든 할 수 있어'라는 긍정적인 언어를 습관적으로 사용해 보자. 멘탈을 높이는 데 큰 효과를 볼 것이다. 철학자 니체는 "언어가 우리 인생의 3분의 2를 차지한다."라고 했다. 살아가는데 언어는 이만큼 중요한 것이다. 말은 개인의 정체성이기도 하기에 좋은 말을 사용해야 한다. 말에 의해 삶이 달라지기도 한다. 최선을 기대한다면 최선을 말할 수 있어야 한다. 미국 뇌 전문 과학자들의 연구에 따르면 언어중추신경이 우리 몸의 모든 신경계를 다스린다고 한다. 그리고 인간의 뇌세포 230억 개 중 98%가 말의 영향을 받는다고 한다. 말에는 엄청난 힘이 있다는 것을 잊어서는 안 된다.

우리의 생각은 우리의 마음과 연결되어 있다. 행복해지기 위해서는 행복한 생각을 해야 한다. 즐거운 일을 떠올려 보자. 설레고 행복한 일들을 생각하고 실행해 보자. 주변을 내가 행복해하는 환경으로 만들어 보는 것도 좋다. 나를 행복하게 해주는 사람들을 곁에 둬야 한다. 편안하고 보기만 해도 기분 좋아지는 사람들과 시간을 보내보자. 좋은 사람들과 함께하면 '고마워', '감사해'라는 말이 절로 나오게 된다. 마음이 따뜻해진다. 생각을 조금만 바꿔보면 얼마든지 행복해질 수 있다.

잠재의식 속에 나는 잘할 수 있다는 주문을 걸어보자. 원하는 목표를 달성하기 위해서는 흔들리지 않는 강한 멘탈을 가지고 있어야 한다. 확신이 들지 않는 순간에 멘탈은 더 중요한 역할을 한다. 지금은 미흡하더라도 시간이 지나면 분명히 잘할 수 있다는 스스로에 대한 믿음이 필요하다. 절대 의심해서는 안 된다. 우리의 뇌는 어떤 가치로 스스로를 평가하는지를 중요하게 생각한다. 우리의 평가에 맞춰 행동하는 것이다. 잘 되는 쪽으로 긍정적으로 생각하는 습관을 가져야 한다.

좋은 상상을 통해 긍정 멘탈을 만드는 방법

남자들은 군에 입대하는 것이 가장 큰 숙제이자 스트레스라고 말하는 사람들이 많다. 하지만 군에 와야 할 이유가 없는 여자인 나는 군에 합격해서 입대하는 것 자체가 행복이었다. 모든 것은 마음먹기에 달렸다. 내가 원해서 하는 것과 억지로 해야 하는 것의 차이다. 긍정적인 사고를 가지고 생활하면 힘든 것도 참아 낼 수가 있다. 젊다면 어떠한 도전도 가능하다. 힘든 도전은 그만큼 값진 의미가 있다. 명분은 내가 만드는 것이다. 나라를 위해 봉사하고 희생한다는 것은 사명감 있는 멋진 일이라고 생각한다.

힘든 군 생활 속에서도 얼마든지 멋진 사람들을 만날 수 있다. 군은 수많은 사람들을 만나는 곳이기에 이상한 사람들을 만날 확률도 있다. 하지만 나는 운이 좋은 건지 군에서 좋은 사람들을 많이 만났다. 군 생활 동안 인생의 멘토도 만나는 행운을 얻었다. 배울 점이 너무 많은 선배에게서 삶의 지혜도 배웠다. 나보다 나은 사람들을 만나고 그 사람들을 닮아가며 성장한다는 것은 너무나도 행복한 일이다. 긍정의 멘탈을 장착하면 긍정적인 일들이 많이 생기는 좋은 경험을 하게 되었다.

내 군 생활은 내가 생각했던 대로 이루어졌다. 25년이 지난 지금 돌아보니 내가 상상했던 모습을 거의 다 이루었다. 상상이 현실이 된 것이다. 나는 내가 원하는 목표를 이루기 위해 한 번도 나를 의심한 적이 없다. 사람은 생각대로 산다는 것을 알고 있었기에 늘 내가 이루고자 하는 목표를 생각했다. 안 될 거라는 생각보다는 늘 잘 될 거라는 긍정 확언을 했고 스스로를 격려했다. 엄청난 노력을 했다. 그 결과 원하는 목표를 달성할 수 있었다. 즐거운 상상은 힘들이지 않고도 할 수 있으며 우리를 행복하게 해준다. 원하는 목표가 확고하면 어떤 순간에도 흔들리지 않는 멘탈을 장착할 수 있다.

힘들 때는 힘든 순간을 떠올리지 말고 지금의 감사함에 대해 기도하자. 행복한 마음을 갖는 것은 그렇게 힘든 일이 아니다. 즐거운 상상은 얼마든지 할 수 있다. 돈이 드는 것도 아니다. 물이 반밖에 없는 컵을 어떻게 볼지는 내 마음에 달려있다. 물이 반이나 남았네라는 긍정적인 관심을 갖는 사람이 되려고 노력하자. 어떤 상황에서든 희망은 존재한다. 긍정적인 생각들을 끌어당겨보자. 똑똑한 사람은 행복할 줄 안다고 한다. 다른 사람과 비교하지 말고 내 인생에 행복의 최면을 걸어보자.

Important Notes

생각하는 대로 이루어진다: 행복해져라! 행복해져라! 결국 행복해진다.

겸손의 미덕:
성공과 성장의 밑거름

부사관은 매 진급 시마다 보수교육을 받는다. 하사 때는 초급반, 중사 때는 중급반, 상사 때는 고급반, 원사 때는 관리자반을 교육받는 식이다. 매 교육 시마다 경험치가 다르기 때문에 마음가짐이 다르다. 전국 각지에서 진급한 교육생들이 모여 교류할 수 있기에 재미도 있으나 성적표가 나오기에 살짝의 긴장감도 있다. 매 교육마다 나쁜 성적은 없었다. 그렇지만 1등은 경험하지 못했었다. 그렇기에 마지막 교육일 수도 있는 부사관 최고급리더과정 교육에서는 열심히 공부해서 최고의 결과를 얻고 싶었다. 1등이라는 의미보다도 계급에 맞는 충분한 실력을 갖출 수 있도록 공부하고 싶었다. 나는 스스로를 정확하게 알고 있다. 내가 잘하는 분야와 부족한 분야를 알고 있었다. 내 경력상 가장 부족한 것은 전술분야였다. 병력과 장비를 어떻게 운용해서 공격과

육군 부사관학교 최고급리더과정 최우수상

방어를 해야 하는지에 대한 학습이 가장 부족했다. 내가 가진 시간의 대부분은 전술과목에 집중했다. 입교 전 교관의 선행학습 자료를 공부하고 막히는 부분은 교범도 열심히 찾아 보았다. 원사가 아닌 하사의 마음으로 자만이라는 두 글자는 머릿속에서 지우고 온 신경과 능력을 집중해서 공부했다. 그 결과 최고급리더과정에서 최우수상을 수상하게 되었다. 지혜로운 사람은 자만하지 않고 자신감을 장착한다고 한다. 성공할수록 더 겸손해야 한다.

성공할수록 겸손해야 하는 이유

"더닝 크루거 효과"라고 들어본 적이 있는가? 1990년 미국 코넬대학교 사회심리학 교수 데이비드 더닝과 대학원생 저스틴 크루거가 실험을 통해 발견한 현상이다. 네이버 지식백과에 보면 "능력이 없는 사람이 잘못된 결정을 내려 부정적인 결과가 나타나도 능력이 없어 스스로의 오류를 알지 못하는 현상을 말한다."라고 설명하고 있다. 실제 주변에서도 이런 현상을 많이 경험한다. 능력이 있는 사람은 본인을 과소평가하는데 오히려 능력이 없는 사람이 본인을 과대평가한다. 능력이 없는 사람은 타인의 능력을 인정하지 않고 능력을 알아보지도 못한다. 아는 만큼 보이는 것이다. 자만은 위험하다. 겸손한 자세로 본인을 돌아볼 필요가 있다.

나의 성공은 내가 가진 능력 때문이라고 믿고 있는가? 오만한 생각이다. 주변 사람들의 도움이 있었기에 가능한 것이다. 자만은 위험하다. 거만하고 남의 말을 듣지 않는 사람 곁에는 좋은 사람이 접근하지 않는다. 나의 성공은 주변 사람들의 덕이라고 생각하고 겸손하게 행동할 때 더 많은 기회가 찾아온다. 겸손한 태도는 어느 누구에게나 환영받을 수 있는 좋은 성품이다. 내가 뛰어난 능력을 가지고 있을때 나보다 부족한 사람이 답답하게 느껴질 수도 있다. 그럴 때일수록 내가 가진 것에 감사하고 타인을 배려하는 겸손한 마음을 가져야 한다.

사람들은 겸손하고 진실한 사람들을 좋아한다. 올바르게 살아간다는 것은 진실되게 산다는 것이다. 거짓말과 과도한 자기 포장은 위험하다. 솔직하다는 핑계로 주변 사람들에게 상처를 주는 것도 안 된다. 자신의 모습을 진실되게 보여주고 솔직하게 행동해라. 주변에 사람들이 모이고 사랑받게 될 것이다. 내가 특별한 능력을 가지고 있다면 상대방에게 무엇을 해 줄 것인지 고민해 봐라. 완벽한 사람은 없기에 주변에 도움을 주면 언젠가 나도 도움을 받게 될 것이다.

야마다 레이지의 『어른의 의무』라는 책에서 보면 어른의 의무에는 3가지 원칙이 있다고 한다. "첫 번째 불평하지 않는다. 두 번째 잘난 척하지 않는다. 세 번째 기분 좋은 상태를 유지한다." 간단한 것 같지만 제대로 실천하기는 매우 어렵다. 꼰대는 나이로 결정되는 것이 아니다. 본인의 생각을 일방적으로 강요할 때 꼰대가 되는 것이다. 내가 틀릴 수도 있다고 생각하고 늘 겸손한 자세를 가져야 진정한 어른으로 존경받을 수 있다. 남들을 인정하고 늘 배우는 자세를 가져보자.

자신의 위치를 객관적으로 평가하기

그리스의 유명한 격언 "너 자신을 알라."라는 말은 소크라 테스가 했던 말로 더 유명하다. 주제 파악에 대한 이야기만 은 아니다. 우리 스스로 자신을 얼마나 아는지에 대한 물음 일 것이다. 메타인지가 높은 사람들은 자신의 역량에 대해 객관적으로 평가할 수 있는 능력을 갖추고 있다. 자신의 강 점과 약점을 명확하게 알고 있다면 불안한 마음이 줄어든다. 강점을 정확하게 알 때 어떤 방향으로 나아가야 할지 미래를 준비할 수가 있다. 부족한 점을 발견하면 삶의 개선점을 찾 을 수 있다. 일단은 자신을 객관적으로 바라보는 것부터 시 작해야 한다.

자아도취에 빠지지 말아라. 자기 확신이 과대해질 경우 타인의 비호감을 사게 된다. 사람들과 소통할 때 자기 자신 을 정확하게 아는 것이 우선 되어야 한다. 자각 없이 잘난척 하는 사람들은 몰락하게 되어 있다. 특히나 친한 사이일수록 잘난 척은 절대 금물이다. 친한 사이라 하더라도 겸손할 때 존중하는 마음이 커진다. 서로의 관계를 굳건하게 하기 위해 서는 상대방이 원하는 이미지를 간파해야 할 것이다. 겸손함 을 유지할 때 사랑받는 존재가 된다는 사실을 잊지 말자.

무언가 잘되고 막힘이 없을 때 자신감은 높아진다. 자신감이 과해지면 내 생각이 무조건 옳고 다른 사람들은 틀렸다고 생각하는 자만심이 생긴다. 다른 사람들의 조언은 무시하게 된다. 겸손하지 못하고 자만하는 사람들은 스스로를 훨씬 더 높게 평가한다. 겸손함을 유지하고 자기평가를 객관적으로 하는 것이 중요하다. 자기인식이 정확한 사람들은 자신의 문제점을 빠르게 파악하고 개선한다. 겸손함을 유지한 상태에서 실력을 갖춰라. 내가 성장하는 만큼 멘탈도 강해질 것이다.

현재 자신의 위치를 정확하게 판단할 수 있어야 한다. 그때부터 변화와 발전이 가능하기 때문이다. 객관적인 자기평가는 생각보다 어렵다. 사람들은 기본적으로 방어기제를 가지고 있어 비판받는 것을 싫어한다. 자존감이 낮은 사람들은 더욱더 그렇다. 그렇다고 다른 사람들의 조언에 귀를 닫고 산다면 발전이 없다. 성장하지 못하는 것이다. 존경하는 멘토가 있다면 그들의 한마디에 내 삶이 바뀔 수도 있다. 어떠한 방법도 좋다. 자신을 객관적으로 평가하고 돌아보는 시간을 가져야 한다.

자만하지 않고 겸손을 유지하는 방법

겸손은 미덕이다. 지속적인 발전과 성장을 위해서는 겸손함을 유지해야 한다. 어떠한 경우라도 상대방을 깎아내리거나 비난하는 말투를 사용해서는 안 된다. 상대방의 말을 잘 들어줘야 한다. 남을 존중해 줘야 본인도 존중받을 수 있다. 내가 윗사람이라고 해서 이질감이나 우월감을 드러내서는 안 된다. 함께 성장하고 협력하는 자세를 갖춰야 한다. 세상은 대단한 사람들로 가득 차 있다. 나는 보통의 영역에 있다고 생각하면 된다. 나를 낮추고 상대방을 인정해 줄 때 겸손한 마음은 저절로 생긴다.

겸손한 사람들은 자신을 내세우지 않고 많은 말을 하지 않는다. 필요한 말은 반드시 해야겠지만 꼭 하지 않아도 되는 말은 줄여라. 말을 많이 하게 되면 실수를 많이 하게 된다. 말을 잘 들어주는 사람이 되자. 말을 잘 들어줄수록 오히려 상대편은 나를 화술이 뛰어난 사람으로 인식한다고 한다. 심리학 실험에서 증명된 사실이다. 잘 듣는 것이 그만큼 중요하다. 쓸데없는 말을 많이 하게 되는 이유는 무엇일까? 타인에게 나를 증명해 보이고 싶은 마음 때문이다. 있는 그대로 인정받으면 된다.

감사하는 마음을 생활화해야 한다. 거만하지 않고 남을 존중하는 마음을 갖는 것은 중요하다. 생각해 보면 주변에 감사할 일이 너무나 많다. 감사하면 정서적으로 안정을 찾게 되고 스트레스도 조절된다. 내 능력만으로 큰 성공을 이루기 어렵다. 나의 성공과 성과는 주변 사람들의 지원과 환경적 요인이 합쳐진 결과물이다. 그렇게 생각하면 겸손해진다. 겸손의 반대는 오만이다. 오만하면 주변에 사람이 모이지 않는다. 감사한 마음으로 겸손을 유지할 때 주변에 좋은 사람들이 모이는 법이다.

자신감은 중요하지만 자만한 마음을 가져서는 안 된다. 자존심은 성공의 원동력이지만 너무 과해 자만하게 되면 위험한 상황에 직면할 수 있다. 겸손하지 못한 사람은 독불장군이 되기 쉽다. 독불장군 곁에는 사람들이 다가가지 않는다. 다른 사람들의 뛰어남을 인정해 주고 나의 부족함도 인정해라. 어떠한 상황에서도 겸손함을 잃어서는 안 된다. 남들보다 조금 더 많이 알고 지금 당장 조금 잘나간다고 타인의 자존심을 짓밟아서는 안된다. 겸손한 마음을 가질 때 주변 사람들과 원활하게 소통할 수 있는 것이다.

Important Notes

머리를 숙여라: 벼는 익을수록 고개를 숙이고, 성공한 사람은 성공할수록 머리를 숙인다.

자문자답:
힘든 일이 닥쳤을 때
남보다 나에게 먼저 묻기

일을 그만두고 싶을 때는 스스로에게 질문하고 답해보자. 왜 일을 그만두고 싶은지? 어떤 일 때문에 가장 많은 스트레를 받고 있는지? 보기 싫은 상사와의 마찰을 피하고 싶은 것인지? 그저 지루함을 견디기 힘들어 새로운 일을 찾는 것은 아닌지? 순간의 감정으로 직장을 그만두는 것은 위험하다. 나 또한 몇 번의 위기가 있었다. 내가 그토록 원해서 입게 된 제복이었지만 힘들었던 시기 스스로 군복을 벗고 싶었던 적이 있다. 누구에게나 위기는 찾아온다. 냉철한 생각과 냉정한 고민이 필요하다. 지금 이 결정을 내렸을 때 1년 뒤에도 후회하지 않을 자신이 있는지 생각해 봐라. 성급하게 판단해서 훗날 자책하는 일이 발생해서는 안 된다. 직장을 그만뒀을 때의 단점에 대해 적어 보아라. 단점을 생각해 봐도 절대 후회하지 않을 자신이 있다면 자신의 결정을 믿어라.

육군 51보병사단 우수교관 표창

일을 그만두고 싶을 때 스스로에게 질문해야 하는 이유

떡 줄 사람은 생각도 하지 않고 있는데 김칫국부터 마시고 있는 것은 아닐까? 스스로에게 질문을 던져 봐라. 내가 가고 싶어 하는 회사에서는 나에게 아무런 요청도 하지 않았다. 그런데 나는 무슨 자신감으로 퇴사부터 생각하고 있는 것인가? '그만두면 어떻게든 되겠지'라고 쉽게 생각하는 것은 위험하다. 글은 쓰는 전업 작가가 되고 싶다면 내 책은 읽어줄 독자가 필요하다. 유튜버도 내 유튜브를 시청해 주는 구독자가 있어야 한다. 직업으로 인정받는다는 것은 내가 즐기는 것만으로는 안된다. 최소한의 생활이 유지되어야 하는 것이다. 섣부르게 결정부터 내리지 말자. 작게라도 일단 시작해 보고 희망이 보이면 그때 일을 그만두어도 늦지 않다.

안정된 삶 속에서 편안함보다 지루함을 느끼고 있는 것은 아닌지 질문해 보아야 한다. 성공의 가장 큰 적은 실패보다도 지루함이라고 한다. 지루함은 우리의 삶에 희열을 주지 못한다. 그래서 우리는 지루함을 벗어나려고 하는 것이다. 직장 생활 속에서 지루함을 이기고 또 다른 동기를 찾아 성장하는 사람들이 성공한다. 우리는 그런 사람들을 프로라고 부른다. 마키아벨리는 이런 이야기를 했다. "인간은 어느 정도까지는 새로움을 욕망한다. 일이 잘 풀리지 않는 사람 못지않게 잘 살고 있는 사람들 역시 변화를 바란다." 변화를 바라는 것도 자연스러운 현상이다. 지루함을 이기고 내가 속한 조직에서 프로의 대열에 들어서 보자.

일을 그만두고 싶고 포기하고 싶을 때는 토마스 에디슨이 했던 명언을 떠올려 보자. "우리의 큰 약점은 포기하는 것이다. 성공하는 가장 확실한 방법은 항상 한 번만 더 노력하는 것이다." 처음 내가 이 직업을 간절히 원했을 때를 생각하며 포기하고 싶은 순간을 견뎌보자. 어떤 직업도 자기 마음먹기에 따라 천직이 될 수 있다. 스스로 자기 일을 바라보는 시각을 바꿔야 한다. 하고 싶은 일과 하기 싫은 일이 있을 때 하고 싶은 것만 하려는 것은 이기적인 마음이다. 하고 싶지 않아도 해야 할 일과 내가 하고 싶은 일의 교집합을 찾아야 한다. 어떠한 순간에도 절대 절대 포기하지 말아라.

직업이 우리 인생에서 차지하는 비중은 크다. 지금 일하고 있는 직장도 수많은 고민 끝에 힘든 시험을 거쳐 어렵게 입사했을 것이다. 하루 일과 중 많은 시간을 직장에서 보낸다. 조금 더 나은 환경에서 행복하게 지내고 싶은 욕망은 당연한 것이다. 직장을 선택할 때도 신중하게 그만둘 때는 더 신중하게 결정해야 한다. 이상과 현실은 다르다. 현실에서 나의 이상을 충족할 만한 직업을 갖는다는 것은 쉽지 않다. 판타지가 클수록 실망도 큰 법이다. 자신을 좋아하는 일을 찾는 것이 우선이고 자신의 업무에 맞추려는 노력도 필요하다.

힘든 직장 생활을 버텨내는 방법

예전에 매일경제 신문에서 슬기로운 직장 생활을 위한 태도라는 제목의 기사를 흥미롭게 읽었다. "능력을 바꿀 수 없다면, 태도를 바꿔라. 코로나19가 직장인의 고뇌를 더욱 깊게 만들었다. 전반적인 기업들은 마이너스 성장이 확실시되었다. 그래서 임금도 줄이고 근로자도 줄이게 될 수밖에 없다는 것이다. 그러면 어떤 사람이 조직에서 살아남는가? 평직원은 고가 점수에서 큰 차이가 나지 않는다고 한다. 오히려 인성과 일을 대하는 태도, 능동적이고 책임감 있는 자세가 중요하다. 부서원들과의 소통 능력이 개인의 능력보다 더 중요하게 평가된다고 한다." 명심하자, 능력을 바꿀 수 없다면 태도를 바꿔 살아남아야 한다.

너무나 힘들어 질문조차 하고 싶지 않을 때는 일단 쉬어라. 직장을 그만두라는 게 아니라 휴식의 시간을 가지라는 것이다. 성실한 사람일수록 다들 바쁘게 일하고 성과를 내는 데 몰입한다. 쉴 시간이 없다고 생각해 무리를 하게 된다. 그러다 번아웃이 오게 되는 것이다. 이럴 때일수록 일단은 쉬어야 한다. 생각을 정리하고 힘든 상황에 대해 주변 사람들에게 알려줘야 한다. 무언가 하려고 스트레스를 받지 말고 내가 좋아하는 취미생활에 집중해 보자. 억지로 하는 일과는 다르게 행복감을 느낄 수 있을 것이다.

회식에 참석하는 것이 힘들다면 차라리 참석하지 말아라. 사회적 분위기가 많이 바뀌었다. 예전처럼 무조건 회식에 참석해야 하는 의무는 없다. 거절하고 싶은데 거절하지 못해 스트레스가 쌓여 폭발하는 것보다는 거절하는 것이 훨씬 더 현명하다. 단 거절도 현명하게 해야 한다. 몸이 아프거나 가족 문제로 불참했을 때는 거부감이 덜하다. 억지로 참석해 스트레스가 쌓이고 우울증이 오면 아무도 보상해 주지 않는다. 조직의 단합도 중요하지만 내가 건강할 때 의미 있는 일이다.

앤 브래드스트리트는 "겨울이 없다면 봄은 그리 즐겁지 않을 것이다. 고난을 맛보지 않으면 성공이 반갑지 않을 것이다."라고 말했다. 직장 생활이 힘들고 재미없다고 느끼는가? 즐겁기만 한 직장 생활은 없다. 직장 생활이 힘든 이유 중 구성원들과의 갈등을 겪고 있는 경우가 많다. 직장 생활에서 만나는 인간관계에 너무 큰 의미를 부여하지 말아라. 좋은 사람을 만나는 것도 이상한 사람을 만나는 것도 운의 영역이다. 내가 통제할 수 없는 일에 매달려 에너지를 낭비하지 말자. 직장 생활을 잘 한다는 것은 일을 처리하는 업무능력만을 이야기하는 것이 아니다. 관계성을 잘 유지하는 것도 직장 생활을 잘할 수 있는 능력에 포함된다.

일을 그만두고 싶을 때
스스로의 생각 정리를 통해 멘탈을 유지하는 방법

신입생이라면 입사 스트레스가 지나가길 기다려라. 시간이 약이다. 환상에서 벗어나서 직장 생활을 수용하는 시기가 올 것이다. 급한 성질에 다른 곳으로 이직해 봐도 적응하는 시기는 언제나 힘든 법이다. 힘든 시간을 잘 버텨내야 한다. 힘들어서 그만두고 싶을 때 입사 동기에게 물어봐라. 아마도 같은 고민을 하고 있을 것이다. 남들도 나와 같은 고민을 한다고 생각하면 마음이 편해진다. 마음이 힘든 시기에는 이 문제가 나만의 문제가 아니기를 바라게 된다. 나의 의지가 약한 것이 아니라는 것을 확인받고 싶은 마음일 것이다. 이 또한 지나간다.

내가 통제할 수 없는 일에 매달려 스트레스를 받고 있는 것은 아닌지 질문해 봐라. 모든 일을 나 혼자서 해결할 수는 없다. 주변 사람들에게 도움을 요청해라. 일과 책임을 분담해서 나의 부담을 덜어야 한다. 내가 통제할 수 있는 분야에만 집중하면 된다. 다른 사람들까지 내가 통제하면서 스트레스를 받을 필요가 없다. 원활한 협업이 될 수 있도록 노력하면 된다. 자신의 한계를 넘어서는 일을 만나면 예민해진다. 이 시기를 잘 넘겨야 한다. 힘든 시기를 잘 버텨낼 수 있는 회복 탄력성을 갖춰라.

지금 하는 일이 지겹고 의미 없게 느껴지는가? 아마도 세월이 지나면 이 시간이 왜 필요했는지 깨닫게 될 것이다. 성장을 하기 위해서는 통증을 견뎌야 한다. 인생에 사춘기 시절이 있듯 직장 생활에서도 방황의 시간이 온다. 열심히 했는데도 결과가 좋지 않을 때가 있고 자꾸만 일이 꼬일 때도 있다. 일이 내 뜻대로 풀리지 않는 것은 당연하고 정상적인 일이다. 포기하고 싶은 시기를 핑곗거리로 삼아서는 안된다. 지금 회사에서 높은 자리에 올라가 있는 선배들에게 들어봐라. 쉽게 그 자리까지 올라간 사람들은 없다. 힘든 시기를 거쳐 그 자리에 올라갔음을 잊어서는 안 된다.

남들을 시기 질투할 필요가 없다. 내 일보다 남의 일이 더 가치 있고 멋있다고 느낄 필요가 없다는 것이다. 원래 남의 떡이 더 커 보이는 법이다. 내가 하고 있는 일에서 의미를 찾아봐라. 희망의 파랑새는 가장 가까운 곳에 있다. 직장이라는 곳에 소속되어 있다는 것은 안전장치가 있다는 것이다. 지금 있는 곳에서부터 인정받아라. 여기서 최선을 다해 최고의 자리에 오르고 다른 곳으로 옮겨도 늦지 않다. 성급할 필요가 없다. 아무런 대책 없이 일확천금을 노리고 부자를 꿈꾸는가? 노력 없이 그 꿈은 절대 이루어지지 않는다.

Important Notes

내 질문에 가장 현명한 답을 줄 수 있는 단 한 사람: 나 자신

나만의 성공 기준 갖기: 내 인생의 주인공은 나

기준점이 명확해야 흔들리지 않는다. 주변 사람들이 나를 우습게 볼 때도 나는 흔들리지 않았다. 나의 목표는 명확했고 꼭 언젠가는 그 목표를 이룰 거라고 생각했기 때문이다. 지금의 내 모습을 보고 우습게 느끼더라도 당장은 상관이 없었다. 30년이 지난 후에는 내 나름의 기준에서 성공할 자신이 있었기 때문이다. 어디까지 성공하고 싶은가? 성공에 대한 명확한 기준은 가지고 있는가? 위키백과에서는 성공을 "이루려는 바를 이룬 것을 의미한다"라고 했다. 성공에 대한 정의와 기준은 모호하다. 돈과 권력이 성공의 기준이 될수 있을까? 아니면 존경과 인정이 성공의 기준이 될 수 있을까? 개인의 가치관에 따라 모두 다르다. 진정한 성공은 타인의 기준의 아닌 각 개인의 기준이어야 한다. 기준점이 명확한 사람들은 자기가 하고자 하는 일에 당위성을 잘 알고 있

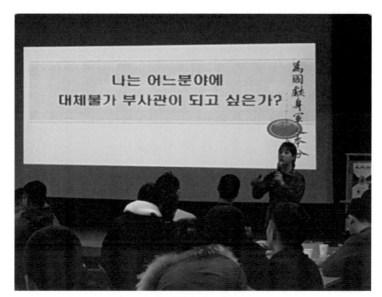

봉화 부사관학교 강의

다. 그렇기에 당장 결과가 좋지 않아도 조급해하지 않는다. 긴 호흡을 가지고 여유 있게 일을 처리한다.

성공에 대해 스스로 기준점을 세워야 하는 이유

내가 원하는 것을 명확하게 알고 원하는 방향대로 나아갈 때 인생의 행복을 느낄 수 있다. 남들의 기준에 의해 남들이 좋다는 길을 걷는다고 절대 행복해지지 않는다. 스스로 만족스러운 삶을 살아가는 것이 성공한 삶이다. 내 인생을 남에게 맡겨서는 안 된다. 인생의 중요한 선택은 자신이 결정해야 한다. 내가 선택한 일이라면 고통까지 즐길 수 있어야 한다. 결과가 좋든 나쁘든 분명 배우고 남는 것이 있다. 미래라는 것은 누구도 알 수 없다. 나의 결심을 믿어보자.

부정적인 사람들을 멀리할 때 성공과 가까워진다. 가까이 있으면 나도 모르게 물들어 간다. 주변을 둘러보면 무슨 일이든 안된다고 체념하는 사람들이 있다. 이런 사람들은 내 인생에도 끼어들어 부정적인 이야기를 할 가능성이 크다. 남의 의견에 동조해서 소중한 나의 인생을 낭비해서는 안 된다. 긍정적이며 행동으로 직접 보여주는 사람들을 따르고 배워야 한다. 외부의 조건을 내가 배울 수 있는 좋은 환경으로 바꿔야 한다. 좋은 최면을 스스로 걸어보자. 행동으로 보여주는 사람들을 따르고 그들의 멋진 모습을 닮아가자.

삶을 외부적 성공요소로만 채우려다 보면 마음속 깊은 공허함을 느끼게 될 것이다. 나는 주변 사람들에게 어떠한 존재인지 돌아보는 삶도 중요하다. 조지 베일런트가 쓴 『행복의 조건』에서는 "행복하고 건강하게 나이 들어갈지를 결정짓는 것은 지적인 뛰어남이나 계급이 아니라 사회적 인간관계다"라고 하였다. 성공에만 집착하다 보면 가장 소중한 주변 사람들을 잃어버릴 수 있다. 성공만 하고 행복하지 않다면 완전한 성공이라 할 수 없다. 주변을 돌아볼 수 있는 여유를 가진 사람이 진정으로 성공한 사람이다.

미래를 철저하게 준비하고 계획해라. 준비된 삶은 두려울 것이 없다. 역사적 인물 에이브러햄 링컨은 "나는 미래를 예측하려는 것이 아니라 준비하는 것이다."라는 명언을 남겼다. 미래는 예측할 수 없기에 걱정과 불안이 앞선다. 하지만 언젠가 기회는 온다. 철저하게 준비된 사람만 그 기회를 놓치지 않고 잡을 수 있다. 기회는 언제나 나를 향해 열려 있다고 착각하지는 말아라. 기회는 열리는 면이 있지만 닫히는 면도 있다. 준비하지 않아 나의 가능성을 내가 닫아버리는 일은 없어야 할 것이다.

다른 사람의 경주가 아닌 나만의 경주가 필요하다

내가 중요하게 생각하는 삶의 의미는 무엇인가? 내가 확신을 갖고 집중할 때 열정이 생긴다. 열정은 더 열심히 일하게 되는 원동력이 된다. 열정이 생겼다면 타임라인을 만들어 실천해 보자. 하루하루 얼마만큼의 성과를 낼 것인지 구체적으로 계획하고 일정을 지켜나가자. 목표를 달성해 나가는 것 자체가 꿈을 향해 다가가는 것이다. 열정이 부족할 경우 삶의 의미를 찾지 못하고 공허함과 불만이 생길 수 있다. 확신을 가지고 나만의 방식으로 나만의 경주를 해서 인생을 바꿔 보자.

노력을 멈춰서는 안 된다. 항상 남들이 요구하는 것보다 스스로 더 많은 것을 요구해 보자. 노력은 객관적이어야 한다. 스스로 낮은 선을 그어놓고 노력했다고 하면 안 된다. 누구나 인정할 수 있는 높은 선을 그어놓고 목표까지 최선을 다해야 한다. 스스로 완벽하게 갖췄다는 믿음이 있을 때 자신감을 갖고 도전할 수 있다. 그 믿음이 목표를 향해 도전할 수 있는 원동력이 된다. 살아가는 데 있어 노력하지 않아도 되는 날은 없다. 살아 있다면 끊임없는 노력을 해야 한다.

나의 꿈이 무엇인지 구체화시켜보자. 내가 최선을 다해 몰두하는 일은 무엇인가? 어떤 일을 했을 때 가장 큰 성취를 느끼는지 생각해 보자. 오직 내가 하나만 선택해서 집중할 수 있다면 나는 무엇을 하고 싶은가? 나를 가장 흥분하게 하는 일은 무엇인가? 현재 상황부터 평가하고 돌아보자. 현재 상황에서 나는 만족하고 있는가? 만족하지 않는다면 무엇을 바꾸고 싶은가? 지금 당장 내가 할 수 있는 일부터 찾아서 변화시켜 보자. 남들이 듣기에 그럴싸한 꿈과 목표가 아니라 내가 진심으로 원하는 목표를 세워야 한다.

꿈과 목표에 대해 주체성을 가지고 존엄성을 지켜야 한다. 어떠한 상황에서도 비굴해지지 않고 자신의 견해를 당당하게 밝힐 수 있어야 한다. 자기의 관점이 분명한 사람은 지위나 물질적인 향유에 휩쓸리지 않는다. 스스로 선택권이 없다고 생각하고 포기해 버리는 경우가 많다. 내 마음이 자유로워지기 위해서는 내 생각과 행동을 통제할 수 있어야 한다. 모든 행동은 내 선택에 의해 결정하는 것이라고 생각하자. 나의 가치관에 의해 주체성을 가지고 살아가는 것은 무엇보다 중요하다.

인생의 목표를 현실화 시키는 방법

인생을 바꿀 기회는 언제 어디서 찾아올지 모른다. 기회가 생겼다면 주저하지 말고 도전해야 한다. 자신 있게 도전해야만 기회를 잡을 수 있다. 과거에 내가 별 볼 일이 없었다 하더라도 큰 문제가 되지 않는다. 현재 내 모습이 훨씬 더 중요하다. 지금부터 새롭게 시작한다는 마음가짐이 필요하다. 내가 올바른 방향으로 잘 가고 있는지 뒤돌아봐야 한다. 주위에서 나를 어떻게 평가하는지 들어봐라. 내가 판단하는 내 모습보다는 주변에서 나를 평가하는 모습이 가장 객관적일 수 있다.

내 삶의 주인공은 바로 나 자신이다. 무슨 일이든 나에게서 시작되어야 한다. 일이든 인간관계든 삶을 살아가는 가치관이든 내가 고민하고 내가 결정해야 내 것이 된다. 나의 성공을 남의 기준에 맞추지 말아라. 스스로 기준점을 잡아라. 내가 생각하는 인생의 기준점은 내 주변 환경에 의해 설정될 가능성이 높다. 인생의 큰 변화를 주고 싶다면 우물 안 개구리에서 벗어나야 한다. 자신의 주변부터 배울 점이 많은 사람들로 바꿔보자. 크게 생각하는 사람들 곁에 있으면 내 생각도 크게 바뀐다. 내 기준치를 끌어올리기 위해서는 배울 점이 많은 조직으로 가야 한다.

사는 것에 대한 정답은 없다. 거품이 가득한 인생, 불안한 인생보다 내 밀도를 채워 행복하게 사는 것이 옳다. 스스로 결정권을 가져보자. 결정권을 갖는다는 것은 책임감을 갖는다는 것이다. 비록 실패하고 손해 보더라도 걱정하지 말아라. 실패는 가장 큰 학습이 되고 훗날 성공할 수 있는 발판을 마련해 준다. 이렇게 살아갈 때 후회 없는 인생을 살게 된다. 인생을 바꾼다는 것은 결코 쉬운 일이 아니다. 우리는 이렇게 인생 공부를 해나가는 것이다. 실패의 노하우가 훗날 나의 인생을 바꾸는 가장 큰 밑거름이 되어 있을 것이다.

패배를 두려워하지 말아라. 테니스의 여왕 마리아 샤라포바는 패배에 대해 이렇게 이야기했다. "패배는 이기는 연습이었다. 승리를 위한 리허설이었다. 나는 다시 연승을 시작했고, 21주 동안 세계 랭킹 1위를 지켰고, 그랜드슬램 대회 결승전에서 매치포인트를 올리기 시작했다." 물론 패배는 달콤하지 않다. 쓰다. 하지만 쓴 약이 몸에 좋다고 했다. 패배를 딛고 일어서면 더 높게 성장할 수 있다. 실패를 통해 배우고 완벽해지는 것이다. 실패를 배움의 기회로 삼아보자.

Important Notes

기준점: 성공을 향해 출항할 때 제일 먼저 정해야 할 것.

인정의 지혜 :
타인의 변화가 아닌 나의 수용

　세상은 내 뜻대로 되지 않고 사람들은 모두 내 마음 같지 않다. 인생의 진리이다. 사람들은 각자 다른 가치관을 가지고 살아간다. 타인을 내 뜻대로 바꾸려 할수록 나는 상대방의 적이 된다. 모든 사람들을 내 기준에 맞추려고 하지 말자. 설득을 강요해서는 안 된다. 스스로 움직이고 싶은 마음이 들도록 하자. 사람들은 서로 다를 뿐이다. 있는 그대로의 모습을 존중해 주기 위해 노력해 보자. 내가 육군 모집홍보관을 할 때의 일화이다. 나와 인접한 지역에 새로 육군 모집홍보관이 전입을 왔다. 1년 정도 선배인 나는 그 친구가 빨리 적응하기를 바라는 마음에 나름의 노하우를 전수하였다. 기대와 달리 내가 전수한 방법을 참고는 하였으나 업무에 적용하지는 않는 듯 보였다. 그의 대답은 명료했다. 처해 있는 상황이 다르고 지역적인 환경이 다르며 대상자의 특성이 다

육군 모집홍보관 워크숍

르니 선배님의 노하우는 참고는 하되 적용할 수는 없을 것 같다고 하였다. 비록 1년 후배이자 같은 직책에서도 내가 먼저 경험한 선배였지만 당돌하다고 느끼기보다는 당당함을 느꼈다. 결과적으로 그 친구와 나는 시간이 흐르자 건강한 경쟁자가 되었고 의지하는 친한 동료 사이가 되었다. 강요하지 않고 서로를 인정해 줄 때 관계는 더 단단해지고 넓어진다. 각기 다른 사람들의 다양성과 차이를 인정해 주자.

타인을 내 뜻대로 바꿀 수 없다는 것을
빨리 깨달아야 하는 이유
세상에서 가장 어리석은 사람은 상대를 자신의 뜻대로 바꾸려고 하는 사람이다. 나 또한 어리석은 사람이었다. 나는 군인으로 상하관계가 명확한 계급사회에서 25년을 넘게 근무하고 있다. 그래서인지 지금도 버릇을 고치지 못하고 나도 모르게 상대에게 지시하고 강요할 때가 있다. 그리고 강압적인 태도로 상대를 대할 때도 많다. 하지만 요즘 같은 세상에 강압적으로 상대를 따라오게 할 수는 없다. 상대를 바꾸는 것보다 내 생각을 바꾸고 내가 변해야 한다. 현명한 사람들은 남이 아닌 자기 자신을 바꾼다.

상대방을 내 뜻대로 바꾸겠다는 생각을 내려놓아야 한다. 인간관계가 힘들다는 것이 이런 것이다. 내가 상대를 바꾸려고 하면 상대는 내 생각을 빠르게 알아차린다. 그리고 저항한다. 억지로 끌려오게 할 수 있을지는 몰라도 상대방의 마음을 살 수는 없다. 이솝우화 중 해와 바람의 이야기를 잘 알고 있을 것이다. 해와 바람이 지나가는 행인의 외투를 누가 빨리 벗길 수 있을지 내기를 했다. 바람은 강한 바람으로 행인의 외투를 쉽게 벗길 수 있을 거라 생각했다. 하지만 결과는 해가 이겼다. 강압보다는 따뜻함과 포용이 필요한 것이다.

군은 상하관계가 명확한 조직이다. 지시하고 명령을 내리기만 하면 부하들이 내 뜻대로 움직일 수 있다고 생각하는 사람들이 많다. 하지만 내 경험상 절대 그렇지 않다. 강압적으로 부하들을 따라오게 할 수 있을지는 몰라도 그들의 진정한 마음을 살 수는 없다. 그렇게 되면 전시라든지 위급한 상황에 내 지시를 따르지 않게 되고 조직은 일사불란하게 움직일 수가 없게 된다. 어떤 일을 지시하든 이 일을 왜 하는지에 대한 목적을 설명해 주고 이 일이 왜 중요한지에 대해서 설명해 줘야 한다. 무조건이 아닌 납득이 가도록 설명해 주고 지도해 줘야 진심으로 따른다.

무조건 통제하려고 하면 상황은 더 악화된다. 아무리 똑똑한 사람이라도 다른 사람의 생각을 통제할 수는 없다. 오히려 내가 존중해 주고 각자의 가치를 인정해 줄 때 상대방도 나에게 마음을 열고 다가온다. 자신도 통제하지 못하는 사람이 남을 필사적으로 통제하려는 모습을 보고 있으면 한심해진다. 자신의 두려움과 공허함부터 해결해야 남을 통제할 수 있게 된다. 자신감 넘치고 긍정적인 마인드를 가진 사람들은 다른 사람들이 신뢰하고 따르게 만든다. 강압적으로 요구하고 통제하지 않아도 되는 것이다.

상대방 그대로의 가치를 인정해 주기

인간은 각기 다른 복잡한 생각을 가지고 살아간다. 인간의 생각과 지성은 무서울 정도로 복잡하다. 우리는 다양한 환경에서 각기 다른 방식으로 살아왔다. 이런 사람들을 모두 같은 방식으로 절대 통제할 수 없다. 자존감이 낮은 사람일수록 상대를 통제하려는 성향이 강하다고 한다. 어떤 사람들은 시간과 감정까지 통제하려 하고 자신에게 순종을 요구한다. 스스로를 돌아보자. 내가 상대방을 통제하고 지배할 권한이 있는가? 내 마음에 들지 않더라도 상대방의 고유성 그 사람 그대로의 가치를 인정해 주어야 한다.

상대방을 함부로 평가하지 말아라. 어떠한 대상이든 도구로 생각해서는 안 된다. 있는 그대로의 가치를 받아들여라. 생성형 AI가 전 세계를 강타하는 현 시점에도 인간 본연의 창의성이 가장 소중하다고 믿는다. 자원은 유한하지만 사람의 창의성은 무한하기 때문이다. 개개인은 가치 있는 사람들이다. 상대방의 독특함과 탁월함을 인정해 주자. 세상에 쓸모없는 사람은 단 한 명도 없다. 본인 스스로는 쓸모없다 생각할 수 있어도 어느 누군가에게는 가장 가치 있는 사람일수 있다는 사실을 기억하자.

인간관계가 힘들게 느껴지는 것은 상대를 내 뜻대로 바꾸려 하기 때문이다. 사람들과 불필요한 논쟁을 하지 말아라. 소모적이고 의미 없는 논쟁을 피해라. 사람들은 각자 스스로 괜찮은 사람이라고 생각한다. 각자의 가치를 존중해 주자. 로봇이 인간의 육체노동은 대신해 줄 수 있어도 인간성이라는 고유 영역은 대신해 줄 수 없다. '나다움'이 가장 큰 경쟁력이 되는 세상이다. 사람들은 인정받고 싶은 욕구를 모두 가지고 있다. 그 부분을 제대로 파악해서 제대로 된 인정을 해주자. 진정성 있게 상대를 대하고 인정해 주면 상대도 마음을 열고 나에게 맞춰줄 것이다.

배려와 관심을 갖자. 상대방이 어떤 행동을 할 때는 다 이유가 있는 법이다. 왜 그런지 관심을 갖고 그 사람이 힘들어하는 부분을 공감해 주자. 내가 가르치듯이 훈계해서는 안 된다. 본인 스스로 느끼고 마음을 움직이게 하는 것이 중요하다. 본인이 잘못된 행동을 했더라도 상대방이 지적을 하면 반감이 생긴다. 우선 상대방의 존재를 인정해 주고 그 사람이 느끼는 감정과 기분을 공감해 주자. 아마도 시간이 지나면 본인 스스로 어떻게 해야 하는지 깨닫고 행동하게 될 것이다.

타인을 인정하고 강한 멘탈로 지내는 방법

타인을 강압적으로 통제하려 들지 말자. 우리는 타인의 자유를 지배할 권한이 없다. 나 자신부터 제어하자. 문제는 바깥에 있는 것이 아니다. 나 자신에게 있을 수 있다. 자기 반성이 필요하다. 내가 존경받을 수 있는 존재가 되어보자. 내가 존경받을 수 있는 행동을 먼저 해보는 것이다. 윽박질러서는 건강한 방식으로 사람이 변화되지 않는다. 혹 변화되었다고 믿는다면 변화되는 것처럼 보이는 연극을 할 뿐이다. 타인을 내 뜻대로 바꾸려고 하지 말고 내 자존감을 높이고 내가 먼저 존경받을 수 있는 사람이 되자. 그 내면에는 강한 멘탈이 있어야 한다.

타인을 내 뜻대로 바꿀 수 없다는 것을 알게 되면 마음이 편안해진다. 스트레스를 받을 일이 없어진다. 살다 보면 저 사람은 왜 저러지? 나라면 저렇게 안 했을 텐데 하고 오만한 생각을 하며 타인을 한심하게 볼 때가 있다. 절대 그래서는 안된다. 그것보다는 그럴 수도 있지. 무슨 사연이 있겠지라고 상대방을 이해해야 한다. 타인과의 차이를 인정할 때 상대방과 진정한 소통을 할 수 있게 된다. 진심으로 상대방을 이해해 주는 사람들은 상대방과 내가 다름을 인정할 수 있는 사람들이다.

인생은 한 치 앞도 모른다. 예측하기가 너무 힘들다. 오늘은 멀쩡했는데 내일 갑자기 큰 사고로 죽을 수도 있고, 갑자기 산 복권에 당첨되는 행운을 얻을 수도 있다. 언제 어떤 일이 일어날지 모른다. 수많은 선택의 기로에 서있고 내가 한 선택에 따라 너무나 다른 삶을 살게 되기도 한다. 삶이 내 뜻대로 되지 않듯 내가 만나는 사람도 내 뜻대로 바꿀 수가 없다. 좋은 사람을 만나게 되었다면 좋은 거고 나쁜 사람을 만나도 그를 통해 세상을 배우면 된다. 상대방이 좋은 방향으로 가도록 도와주고 싶은 마음은 나의 생각일 뿐이다. 각자의 인생이라는 그림을 자기의 생각에 맞도록 색칠하는 것을 그저 지켜보고 응원해 주어라.

나와 생각이 다른 상대방 때문에 불편한 기분이 드는가? 서로 생각이 다른 것은 당연한 것이다. 서로의 생각이 같아질 수 없으며 우리는 각자 다르다는 본질을 기억해야 한다. 사람들은 자기와 같지 않은 사람들을 특별하다 특이하다며 손가락질한다. 아마도 나와 달라서 내가 겪는 불편함이 싫어서 그렇게 표현하는 건지도 모르겠다. 서로 다르기에 세상은 더 잘 돌아간다. 다 같은 생각을 하고 비슷한 사람들만 있는 세상은 생각만 해도 끔찍하다. 마음을 조금 더 넓게 갖고 사람은 절대 같아질 수 없다는 사실을 기억하자.

Important Notes

상대를 바꾸려 하지 말자: 다름을 인정하면 오히려 내 편이 될 수 있다.

PART 3

행동의
변환

기본에 충실하라:
규칙적인 생활과 좋은 습관 갖기

좋은 습관은 삶의 강력한 무기가 된다. 나는 군인이 되기 전에는 아침에 일찍 일어나는 것을 힘들어했다. 침대에서 이불을 박차고 일어날 의지가 부족했던 것 같다. 하지만 군인이 된 후부터 확 달라졌다. 특히 신병교육대대 교관을 하며 규칙적인 생활은 저절로 몸에 배었다. 그 후 20년 넘게 매일 아침 5시 30분이면 일어나 미라클 모닝을 실천하고 있다. 규칙적인 생활을 하게 되면 남들보다 더 많은 시간을 보상받게 된다. 하루를 더 보람차게 보낼 수 있다. 내가 정한 규율을 하루도 빠지지 않고 꾸준히 실천해 봐라. 인생의 많은 부분이 달라지는 것을 경험하게 될 것이다.

신병교육대대 당직사관 아침 점호

미라클 모닝, 규칙적인 생활 등
좋은 습관을 가져야 하는 이유

직업군인이 된 후 제일 힘들었던 것은 규칙적인 생활에 적
응하는 것이었다. 세상 쉬운 일이 하나도 없었다. 후보생 시절
에는 아침 기상나팔 소리와 함께 강제로 일어났다. 일어나자
마자 정신을 차리지도 못한 상태에서 침대 시트 정리와 모포
각부터 잡았다. 침상 정리를 하지 않고 아침 점호를 나가게 되
면 바로 벌점을 받았기 때문이다. 개인 캐비닛에 있는 속옷과
슬리퍼까지도 정확하게 줄을 맞춰야 했다. 군복으로 환복하고
전투모를 쓰고 전투화를 신고 점호를 받기 위해 늘 뛰어나갔

다. 처음에는 정신을 차릴 수가 없었다. 하지만 시간이 지날수록 규칙적인 습관이 몸에 배었고 여유를 찾게 되었다.

군 생활을 시작하면서 깨달은 사실이 있다. 아침 일찍 일어나서 빠르게 행동해야 더 많은 자유 시간을 보장받을 수 있다는 것이다. 나 자신을 위해서 스스로에게 엄격해졌다. 제시간에 자고 규칙적인 생활을 하고 아침에 일찍 일어나는 것부터 실천했다. 『멘탈이 강해지는 연습』이라는 책에서 젠 해비츠(ZenHabits, net)의 운영자 리오 바바우타(Leo Babauta)는 "새 습관을 기르고 싶다면 거부할 수 없을 정도로 쉽게 만들라."고 말 한 바 있다. 엄청나게 지혜가 담긴 말이다. 새로운 습관을 기르기 위해서는 작은 것부터 내가 실천할 수 있는 루틴을 만들어야 한다.

의지력이 없고 동기부여가 부족해도 습관이 되면 몸이 저절로 움직이게 된다. 자동으로 행동하게 되는 루틴을 만들면 된다. 나는 특전사 생활을 시작했을 때 남들보다 체력이 좋지 않았다. 하지만 군인에게 강인한 체력은 필수 요소이다. 특히 기초체력이 좋아야 한다. 내무생활을 시작하면서 나는 하루도 빠지지 않고 달리기를 했다. 비가 오면 비를 맞고 뛰었다. 눈이 오는 날에도 뛰는 일을 거른 적이 없었다. 그 결과 체력의 한계로 늘 뛰다 멈춰 서던 곳에서 쉬지 않고 뛰게 되는 날이 찾아왔다. 그만큼 체력은 나도 모르는 사이에 좋아졌다. 꾸준한 노력의 결과로 지금은 매년 체력검정에서 전 종목 특급을 받고 있다.

군인에게 규칙적인 생활은 선택이 아닌 필수이다. 일어나기 싫어도 정해진 시간에 일어나야 하고 밥도 정해진 시간에 먹어야 한다. 운동하는 시간도 정해져 있어서 매일 운동을 한다. 하지만 무엇이든 처음이 힘든 법이다. 시간이 지나면 저절로 그 시간에 일어나고 밥 먹고 운동을 하고 있는 자신을 발견하게 된다. 규칙적인 생활을 하는 것은 생각보다 어려운 일이 아니었다. 처음에는 억지로 일정에 따랐지만 지금 오히려 내가 일정을 만들어 지키고 있다. 규칙적인 생활을 유지하기 위해서는 책임감이 있어야 한다. 내가 지키기로 한 약속은 꼭 지킨다는 책임감이다. 좋은 습관을 갖게 되면 건강하고 행복한 삶을 살게 된다.

의지력 키우기

의지력이 있다면 못해낼 일은 없다고 생각한다. 나는 군에 와서 멘탈이 강해졌다. 강한 자들 사이에서 살아남으려다 보니 나도 모르게 강해진 거 같다. 개인적인 생각이지만 내가 경험한 특전사 여군 선배들은 아우라가 있다. 강력한 기가 느껴진다. 군 생활을 처음 시작했을 때 같은 방 선배가 나에게 이런 이야기를 해줬다. "의지가 있다면 세상에 못 해낼 일은 없다. 처음부터 모든 일을 완벽하게 해내는 사람은 없어. 네가 이루고 싶은 일이 있다면 의지력을 키워." 그 선배는 내가 포기하고 싶을 때 잘 견디라는 조언을 멋지게 해준 것 같다.

내가 하고자 하는 목표가 명확하면 의지도 확고해진다. 군인 하면 사격을 하거나 군장을 메고 걷거나 유격훈련을 하는 모습들을 떠올린다. 하지만 군에는 훈련 계획을 수립하고 규정을 만드는 정책부서에 근무하는 군인들도 있다. 젊고 어릴 때는 특전사와 야전부대에서 임무수행을 하는 것이 너무 멋있어 보이고 좋았다. 하지만 언젠가는 정책부서에서 근무해보고 싶다는 목표가 있었다. 그래서 공부를 시작했다. 일과가 끝나고 남는 시간 틈틈이 공부를 했다. 나에게 기회가 주어질지 미래는 불투명했지만 그건 중요하지 않았다. 그 결과 지금은 박사학위를 취득하고 육군의 미래를 설계하는 연구센터에서 근무하고 있다. 준비가 되면 언젠가 기회는 찾아온다.

의지력을 가지고 계속 도전하다 보면 결국 실력은 늘어나고 못하던 일도 최고의 경지까지 올라가게 된다. 군인이라면 사격을 잘해야 인정받는다. 하지만 나는 사격실력이 들쑥

날쑥이었다. 20발 만점에 어떤 날은 20발 모두 맞출 때도 있었지만 어떤 날은 10발 이하로 맞출 때도 있었다. 사격을 잘 못한다고 생각하니 사격하는 날은 늘 긴장이 되고 위축됐다. 하지만 계속 이렇게 지낼 수 없다고 생각하고 원인을 분석했다. 이론적으로는 알고 있는데 안되는 이유가 뭘까? 자세를 수정하고 연습하고 또 연습했다. 안되면 될 때까지 하면 된다고 생각했다. 그 결과 나만의 사격자세를 찾게 되었다. 그 후에는 특별히 실수하지 않는 한 사격에서 과녁을 놓치는 일은 없다.

나는 군 입대 후에 시험을 보고 평가를 받는 것이 힘들었다. 열심히 하지도 않고 늘 불평만 했다. 당연히 성적은 좋지 않았다. 하지만 어느 날 마인드가 바뀌었다. 한 번도 열심히 성실하게 살아오지 못한 나 자신에 대한 후회가 밀려왔다. 사람들에게는 늘 같은 시간이 주어지는데 나는 왜 좋은 결과를 받지 못하는 걸까? 그날부터 나는 좋은 습관을 만들고 주어진 시간을 누구보다 성실하게 보냈다. 남들보다 훨씬 더 많은 노력을 했다. 공부해서 이해가 안 되면 책을 통째로 외운 적도 있다. 그 결과 남녀 전병과가 모인 200명이 넘는 최고급리더반 교육에서 1등을 하게 되었다. 의지를 가지고 노력하면 이루지 못할 일은 없다는 것을 경험하게 되었다.

좋은 습관을 만드는 방법

미라클 모닝을 하게 되면 아침 시작이 빨라져서 하루가 길어진다는 느낌을 받을 것이다. 미라클 모닝을 실천하려면 우선은 아침 일찍 일어나야 한다. 그러기 위해서는 전날 일찍 자는 것이 중요하다. 그리고 정해진 같은 시간에 매일 일어나야 한다. 일어나서는 바로 이불 정리를 해라. 다시 또 눕고 싶은 유혹에서 벗어나기 위함이다. 그리고 물을 마셔라. 건강에도 좋고 정신도 차리게 될 것이다. 스스로 아침 일찍 일어나는 것이 힘든 사람들은 온라인 동호회를 가입하는 것도 좋다. 의지가 약하다면 주변 사람들의 도움을 받아라.

규칙적인 운동을 생활화하자. 꾸준히 하는 것이 중요하다. 운동은 뇌를 긍정적으로 변화시킨다. 좋은 습관을 만드는 데 많은 도움이 될 것이다. "일주일에 30분 이상 최대 심박수 60~80% 정도 세 번씩 운동하게 되면 뇌가 긍정적으로 변화한다."라고 하는 연구결과도 있다. 운동의 필요성에 대해 부인하는 사람은 없을 것이다. 유산소 운동과 근력운동을 즐겁고 재미있을 정도로 해보자. 하루도 빼지 않고 매일 하는 것이 핵심이다. 운동을 꾸준히 하게 되면 긍정적인 사람이 되고 인간관계도 개선되는 것을 느끼게 될 것이다.

좋은 습관을 만들고 싶다면 매일 그 시간, 그 장소에서 연습해라. 좋은 습관을 실천하는 것 자체를 일과로 만들면 된다. 세상에서 제일 무서운 것은 게으름이다. 내일부터 하면 되지라는 생각으로 미루기 시작하면 끝이다. 자신이 하는 일에 전문성을 가질 만큼 성장하기 위해서는 좋은 습관이 쌓여야 한다. 게으름을 이겨내야 한다. 좋은 루틴이 확고한 사람만이 성공한다. 좋은 루틴을 갖고 긍정적인 사람이 되기 위한 훈련을 해보자. 이루고 싶은 목표가 확고하다면 게으름을 이겨낼 수 있을 것이다.

좋은 습관을 만들기 위해 많은 시간을 낭비할 필요가 없다. 내가 생각하는 좋은 습관이 있다면 지금 당장 실천해야 한다. 한번 성공하고 나면 매일 실천해 나가는 것은 어렵지 않다. 시작이 반이라고 했다. 그만큼 시작하기가 힘든 것이다. 당장 시작하는 습관을 기르자. 어려운 결정은 저녁보다 아침에 하는 것이 더 쉽다고 한다. 아침에 결심했다면 주저하지 말고 당장 시작해 보자. 모든 일에는 원인과 결과가 있다. 당장 실천했기에 좋은 결과를 얻을 수 있는 것이다. 우물쭈물하다가는 좋은 기회를 모두 놓치게 된다.

Important Notes

성공의 기초: 정해진 시간, 정해진 행동, 정해진 일과로 이어지는 좋은 습관이 정답

성공의 열쇠 "자신감":
당돌하지 않되 당당하게

자신감은 성공의 열쇠라고 생각한다. 그래서 나는 어떤 직책이나 과업을 시작할 때 당당하게 임했다. 실패를 두려워하지 않았다. 실패하면 다시 하면 된다고 생각했다. 육군 모집홍보관을 하면 학생들도 많이 상대하지만 공공기관이나 민간 업체를 상대로 홍보활동도 많이 한다. 그렇다고 해서 육군도 국가기관이기에 특별한 업무추진비나 보조가 있지는 않다. 육군이라는 마크와 명함, 필요하다면 공문 한 장을 들고 방문해서 내가 원하는 바를 이뤄야 했다. 그때 내가 깨달은 것은 움츠리고 의기소침하게 접근하는 것보다 당당하게 협조하는 것이 훨씬 승률이 높다는 것이다. 부탁하는 저자세가 아니라 육군이 당신의 기관에 협조를 요구한다는 방식이다. 자신감 있는 인생을 살고 싶다면 스스로 변해야 한다. 지금까지와는 다른 선택과 행동을 해야 한다. 당당해지기 위해서는 자세부터 바꿔보자. 고개를 들고 허리를 곧게 펴라. 대화를 할 때는 자신의 의사를 명확하게 전달해야 한다. 다른 사람들의 의견은 열린 태도로 받아들여라. 자신감이 있는 사람들은 표정이 밝다. 목소리는 차분하며 강단이 있다. 성품은 온화하며 여유롭다. 하지만 일을 처리하는 데 있어서는 결단력이 있다. 결심하면 바로 실행한다. 자신감 있게 행동하게 되면 멘탈은 저절로 강해진다.

진로진학상담교사 대상 육군모집설명회

자신감 있는 자세, 행동, 목소리가 중요한 이유

세상을 살다 보면 내가 통제할 수 없는 일들로 힘들어질 때가 있다. 그런 상황에서는 '나는 절대로 포기하지 않을 거야'라고 큰 목소리로 이야기해 봐라. 이겨낼 수 있을 것 같은 자신감이 생길 것이다. 장애물이 생겨도 꼭 극복해 내겠다는 마음가짐이 중요하다. 성공해서 무언가 보여 주겠다는 의지와 스스로에 대한 믿음이 필요하다. 실패했더라도 최선을 다했다면 고개를 숙일 필요가 없다. 오히려 당당하게 고개를 들어라. 자신감 있는 태도로 행동해라. 어느 순간 꼬여 있던 실타래가 풀리고 나아가야 할 길이 보이게 될 것이다.

2016년 리우 올림픽 박상영 선수의 펜싱 결승전 상황이 기억에 남는다. 10:14로 지고 있던 상황에서 한 점만 내주면 금메달을 놓치게 되는 절박한 상황이었다. 상대에게 한 점도 주지 않고 연속해서 5점을 내야 했다. 이런 상황에서 희망을 기대하는 것은 쉽지 않다. 이 상황에서 박상영 선수는 스스로 자신감을 불어 넣었다. '할 수 있다. 할 수 있다.' 할 수 있다는 말을 되뇌는 장면이 TV 화면에 잡혔다. 그리고 영화처럼 기적이 일어났다. 그는 5점을 연속해서 따내고 금메달을 목에 걸게 되었다. 어려운 순간 포기하지 않고 도전하는 것이 그 상황을 벗어날 수 있는 최선의 방안이다.

자신감 하면 피겨 스케이팅 김연아 선수가 떠오른다. 김연아 선수의 자신감 있는 태도와 성공의지는 본받을 만하다. 김연아 선수는 스케이트장을 들어설 때부터 자신감이 넘쳐난다. 여유 있는 미소와 자신감 있는 태도가 그녀를 성공적인 선수로 성장시켰을 것이다. 어떤 상황에서도 흔들리지 않는 자신감을 갖기까지는 수많은 훈련이 필요하다. 끝없는 노력과 헌신이 없고서는 그런 여유가 나올 수 없을 것이다. 장기적인 목표와 성공을 위해 자제력과 인내력을 가지는 등 철저한 자기관리는 우리도 본받아야 할 것이다.

자신감 있는 사람들은 긍정적이며 매력적이다. 자신감 있는 목소리는 사람들에게 신뢰감을 준다. 미국 사상가 겸 시인 랄프 왈도 에머슨은 "자신감은 성공의 첫 번째 비결이다"라고 했다. 그만큼 자신감은 성공의 필수 요소이다. 자신감 있는 행동이란 뭘까? 본인의 능력과 가치를 스스로 믿어 주는 것이다. 믿는 것에서 끝나면 아무 의미 없다. 자신의 목표를 향해 도전하고 용기 내어 앞으로 나아가야 하다 자신감이 있는 사람들은 리더십 역량도 뛰어나다. 사회적으로 많은 영향력을 끼치게 된다.

자신감 가지고 이루어낸 나의 성공사례

많은 사람들은 자신을 과소평가한다. 나 또한 그랬다. 주변에서 잘한다고 칭찬해 주면 얼굴이 빨개져 '아우 아니에요.'라고 답변하곤 했다. 겸손이 아닌 자기 비하가 더 많았던 것 같다. 스스로를 인정해 주지 못하고 깎아내리는 것이 문제였다. 학교에서 학생들을 대상으로 교육을 하게 되면 강의 후 바로 피드백을 받는다. 평가 결과는 늘 좋았으나 나는 '그냥 좋게 평가해 준 거지 내가 특별히 잘하는 게 아닐 거야'라고 생각했다. 자신의 가치를 스스로 인정해 주지 못했다. 스스로의 능력을 의심할 때가 많았다. 하지만 시간이 지날수록 있는 그대로의 모습을 인정하게 되면서 자신감을 갖게 되었다.

자신감이 충만해지면 태도가 당당해진다. 목소리에 힘이 생기고 한 번도 해보지 않은 일에 용기 있게 도전할 수 있게 된다. 내가 대학원 박사과정을 지원하고 면접을 봤을 때 일이다. 직장 생활과 학교생활을 병행하는 게 쉽지 않을 텐데 잘 해낼 수 있겠어요? 면접을 봤던 교수님께서 걱정을 하시면서 질문을 하셨었다. 납부금도 비싸고 중도에 포기하면 돈과 시간도 너무 아까운데 고민을 많이 해보라는 것이었다. 교수님 입장에서는 충분히 걱정해 주실 수 있는 문제이다.

나는 그런 말에 흔들리지 않았다. 잘해낼 자신이 있었다. 혹 중도에 포기하게 되더라도 스스로 도전 자체를 칭찬해 줄 수 일을 것 같았다.

그렇게 시작된 공부는 쉽지 않았다. 군대 일과를 마치고 퇴근한 다음 7시부터 박사과정 공부와 과제를 하기 위해 거의 매일 새벽 2시까지 잠을 잘 수가 없었다. 체력적으로도 많이 힘들었던 시기였다. 하지만 밝고 씩씩하게 견뎌냈다. 일과 공부를 병행하는 것은 당연히 쉽지 않을 것이라고 예상했기 때문이다. 징징대거나 힘들다는 내색은 하지 않았다. 스스로 '늘 잘해낼 거야' '꼭 졸업할 수 있을 거야'라고 자신감이 있는 말들을 되뇌었다. 아무리 힘들어도 포기할 생각은 한 번도 해본 적이 없다. 그 결과 중간중간 거쳐야 할 자격시험도 한 번에 통과했고 같이 입학한 학우들 중 가장 빠르게 졸업장을 받았다. 결과만을 보고 박사학위를 쉽게 취득한 거 아니냐고 말하는 사람들이 있는데 백조가 물 위에는 우아히게 떠 있는 것처럼 보이지만 물속에 빠지지 않기 위해 끊임없이 발을 빠르게 움직이는 것처럼 나 또한 남모르게 밤새 공부하며 노력했다. 특히나 공부해서 뭐 할 거냐며 빈정대던 사람들의 시선과 말들을 견뎌내기가 힘들었다. 하지만 힘들 때면 내가 원하는 모습의 결과를 늘 상상했다. 그 결과 상상했던 모습이 결국은 현실로 다가왔다.

자신감이 생긴 후 내 능력을 믿게 되었다. 스스로의 결정을 더 존중하게 된 것이다. 더 큰 도전이 있어도 용기 있게 도전할 수 있을 것 같다. 아마도 그전보다는 더 쉽게 목표에 달성할 수 있을 것이다. 자신감이 생기고 나서 목소리도 당당해지고 표정도 밝아졌다는 말을 많이 듣는다. 대인관계에서도 자신감을 갖게 되었다. 내 의견을 확실하게 표현할 수 있게 된 것 같다. 긍정적인 에너지가 주변 사람들에게도 영향을 미치는 것 같다. 다른 사람들과의 의사소통도 원활해짐으로써 대인관계도 좋아졌다.

자신감 있는 자세, 행동, 목소리를 만들고
행동을 바꾸는 방법

멘탈이 흔들리고 자신이 없을 때는 먼저 곧은 자세를 취해보자. 어깨를 펴고 등을 꼿꼿이 세워야 한다. 자신감을 더 높이기 위해 가슴을 활짝 펴봐라. 이러한 태도 변화가 자신감을 갖게 한다. 어떤 말을 들어도 자신이 없고 의욕이 없을 때는 행동을 개선해라. 당당하고 자신감 있는 행동을 해야 한다. 조급해하지 말고 느긋함을 유지하는 것은 좋다. 자신이 가야 할 방향을 명확하게 알고 있다면 조급해할 필요가 없다. 목소리는 안정감 있게 조절하는 것이 중요하다.

어떤 일도 쉽게 한 번에 되는 것은 없다. 매일 거울 앞에서 자신의 자세를 교정해 봐라. 자신감 있는 표정도 지어보고 큰 소리로 이야기하는 연습도 해보자. 의사전달이 잘 되도록 또박또박 이야기해야 한다. 부끄러움이 많아 사람들에게 다가서기가 힘들다면 하루 한 명이라도 새로운 사람들에게 먼저 인사해 보자. 자신이 할 수 없었던 일에 도전적인 시도를 해봐야 한다. 이렇게 실천 방법들을 삶에 하나둘 적용해 보는 것이다. 시간이 지날수록 자신감은 높아질 것이다.

이기는 것도 중독이고 습관이다. 승리를 맛보게 되면 자신감이 생긴다. 스스로 해내겠다고 다짐한 일이 있다면 그 일을 해내라. 사소한 일이라도 스스로 결심하고 해내면 자신감이 생긴다. 이 과정이 거듭될수록 자신감도 더 커지게 된다. 자신의 힘으로 뭔가를 해냈다는 것이 중요하다. 일이 잘될 때는 속도감을 붙여보자. 멘탈이 강철처럼 단단해지는 것을 느낄 것이다. 세상에 단점이 없는 사람은 없다. 자신의 부족함을 인정하자. 대신 장점을 극대화해서 자신감을 올려야 한다. 장점에 집중하자.

성장형 사고방식을 가져보자. 절실할 때 기회는 다가온다. 노력하면 변화할 수 있다. 자신감 있는 태도, 목소리 행동을 생활화해보자. 어색하더라도 연습해야 한다. '내가 원하는 모습으로 변할 수 있다'. '나는 할 수 있다.'라고 스스로를 믿어라. 믿는 대로 성장할 것이다. 목적 있는 삶을 살기 위해서는 용기가 필요한 법이다. 인생의 경험이 쌓이면서 우리는 성장한다. 우리가 변하는 이유도 예전에 몰랐던 내용들을 하나하나 배우고 개선해 나가기 때문이다. 도전정신을 가지고 노력한다면 내가 원하는 멋진 모습으로 변할 수 있다.

Important Notes

자신감 있는 행동: 어깨를 펴라. 등을 꼿꼿이 세워라. 가슴을 활짝 열어라. 당당하라.

긍정의 언어:
말 한마디로 천 냥 빚을 갚아라

군 생활을 오래 하다 보니 내 말투는 지시와 명령조로 변했다. 외형적으로는 내가 군인인 것을 모르다가도 말하는 것을 들으면 군인이세요?라고 물어보는 경우가 많았다. 너무 딱딱한 말투를 사용하다 보니 본의 아니게 오해를 받기도 했고 나로 인해 상처를 받는 사람들이 생기는 것 같아 스스로 부드럽고 긍정적인 언어를 사용하려고 노력하고 있다. 남이 아닌 스스로를 위해 부드럽고 긍정적인 언어를 사용해야 한다.

말은 강력한 힘을 가지고 있다. 내가 말하는 대로 나를 바꿀 수 있다. 간절히 원하고 진심으로 이야기하면 상상한 대로 이루어진다. 말에는 절대적인 힘이 있다. 말의 힘을 믿어 보자. 긍정적인 말을 통해 긍정적 결과를 얻어 낼 수 있다고 생각해라. 긍정적으로 변하면 멘탈도 강해진다. 엘리너 루스

육군간부 모집 인터넷 라이브 방송

벨트(Eleanor Roosevelt)는 "당신의 허락 없이는 그 누구도 당신에게 열등감을 안겨 줄 수 없다."라고 했다. 열등감을 가질 수 있는 부정적인 대화보다는 '나는 할 수 있다.' '늘 감사하다.'라는 긍정적인 말을 해보자. 인생 자체가 긍정적인 방향으로 바뀌는 것을 경험하게 될 것이다.

긍정적인 말을 해야 하는 이유

긍정적인 말을 하게 되면 부정적인 대화는 자연스럽게 줄어들게 된다. 긍정에 물들게 되는 것이다. 긍정적인 태도를 가지고 있는 사람들은 표정에서도 자신감이 넘친다. 어떠한 상황 속에서도 낙관적으로 생각한다. 힘든 상황을 극복해 내는 회복력을 가지고 있다. 어려울 때 다시 일어설 수 있는 강력한 능력을 가지고 있는 것이다. 자신을 비하하는 것은 스스로를 망치는 지름길이다. 남들과 비교해서 열등감을 느낄 필요가 없다. 어제의 내 모습과 오늘의 내 모습을 비교해 발전하는 모습에 스스로를 칭찬해 주자. 긍정적으로 변하면 자신감을 갖게 되고 매력적인 사람으로 성장할 수 있을 것이다.

김주환 교수가 쓴 『회복탄력성』 책에서는 "긍정적 정서는 뇌의 도파민 레벨을 향상시킨다. 기분이 좋아지면 도파민이 많이 분비되고 이는 뇌의 다양한 영역을 활성화시킨다. 이에 따라 인지 능력이 향상된다."라고 했다. 상황을 긍정적으로 바꾸기 위해서는 말을 긍정적으로 바꾸는 것이 우선되어야 한다. 긍정적인 말을 하게 되면 나의 생각과 감정도 긍정적으로 바뀌게 되어 있다. 나의 말이 상대방의 행동까지도 변화 시킬 수 있다는 것이다. "말 한마디로 천 냥 빚을 갚는다."라는 속담도 있지 않은가?

긍정적 자기 암시는 중요하다. 긍정적 자기암시를 하기 위해서는 긍정적인 말을 하는 습관을 길러야 한다. 이러한 노력을 하지 않으면 어느새 본인도 모르게 불평불만과 부정적 생각을 할 수도 있다. 긍정적 자기 암시는 부단한 노력으로 습관이 되게 해야 한다. 1857년 트로와에서 태어난 에밀 투에 약사 이야기는 긍정적 암시 효과의 대표적인 사례이다. 그는 환자들을 살피던 중에 "위약(僞藥) 효과"라고 불리는 플라세보효과를 확인했다. 환자들에게 "나는 날마다 모든 면에서 점점 더 나아지고 있다."라는 긍정 암시를 하게 한 것이다. 긍정 암시를 한 환자들의 상태는 정말로 좋아졌다. 결국 자신을 좋아지게 만드는 힘은 자신의 내부에 있는 것이다.

생텍쥐페리의 『어린 왕자』책에서도 "사막이 아름다운 것은 어딘가에 우물을 감추고 있기 때문이야. 이제 별들이란 별들은 모두 낡은 도르래가 있는 우물로 보일 거야. 별들은 모두 나에게 물을 부어줄 거야. 아저씨는 5억 개의 작은 웃는 방울들을 갖게 될 거고 나는 오억 개의 샘물을 가지게 될 테니."라는 문구가 나온다. 긍정적인 말을 삶의 희망을 갖게 한다. 불행한 상황일 때는 오히려 긍정적인 말을 통해 달콤한 상상을 해보자. 행복한 상상만으로도 힘든 상황을 벗어날 수 있을 것이다.

문제보다는 가능성을 이야기해라

풀리지 않는 문제에 집중하다 보면 걱정과 불안한 마음이 커진다. 그럴 때일수록 가능성에 대해서 이야기해 봐라. 구체적인 해결책을 내놓지 못하더라도 가능성에 대해서 이야기할 때 긍정 에너지가 발생하는 것을 느끼게 될 것이다. 긍정에 대해 실험했던 과학적 근거는 너무도 많다. 학생들의 학점도 긍정적인 학생들이 높았고, 영업 분야 사원들도 긍정적인 인원들의 매출이 훨씬 더 높았다. 긍정적인 사람들은 삶을 대하는 태도가 훨씬 더 적극적이고 도전적이기에 좋은 결과가 나오는 것이다.

내 삶의 주인공은 나다. 세상 누구도 완벽한 사람은 없다. 긍정성에 초점을 맞춰 자신을 바라보면 스스로 꽤 괜찮은 사람이라는 것을 알게 될 것이다. 긍정성을 가지고 가능성에 초점을 맞췄을 때 다른 사람들과의 관계도 좋아진다. 사회적 교류가 원활하게 이루어지게 되면 일을 진행하는 데 있어 자신감이 생긴다. 한 번도 해보지 않은 일을 시도할 때는 누구라도 불안함과 불편한 마음을 가지게 된다. 문제점보다 가능성에 초점을 맞추고 집중하는 연습을 지속하게 되면 긍정적으로 변할 수 있다.

의기소침해 있지 말고 긍정적인 자세로 세상을 대하자.

나보다 잘난 사람들과 비교해가며 스스로를 주눅 들게 하는 건 아무런 도움이 되지 않는다. 시간이 지나면 내가 부러워하는 사람들보다 내가 훨씬 더 멋지게 성장할 수 있다. 의심하지 말고 스스로를 믿어라. 성장할 시간을 나에게 주어야 한다. 내가 긍정적이고 자신 있을 때는 나보다 더 잘난 사람들을 봐도 주눅 들지 않는다. 오히려 나는 더 잘할 수 있다는 도전의식이 생긴다. 마음의 여유를 가지고 스스로의 가능성을 믿는 것이 중요하다.

스스로에게 관대해질 필요가 있다. 사랑하는 주변 사람들에게는 관대하면서 본인의 작은 실수에는 바보 같다는 자책을 쉽게 한다. 친구가 실수했을 때 용기를 주고 응원해 주는 것처럼 스스로에게도 응원을 보내보자. 남들이 해주는 칭찬도 감사하게 받아들이자. 겸손이 결코 미덕은 아니다. 자기 비하를 하고 깎아내리는 것이 겸손은 아니다. 겸손과 자기 비하는 다르다. 자신을 부정하고 자신감을 깎아 먹지 말자. 남에게나 나에게나 똑같은 렌즈를 끼고 바라보고 똑같은 잣대로 이야기하자.

긍정적 말을 통해 나를 변화시키는 방법

'나는 될 수 있다.' '나는 할 수 있다.' '나는 성공한다.' 와 같은 긍정적인 말을 습관적으로 하자. 절대 ~하지 않겠다.라고 생각하면 오히려 그 방향으로 더 의식하게 된다. 긍정적인 언어와 생각이 필요하다. 말의 힘을 통해 사고를 변화시키자. '나는 꼭 해 낼 수 있는 사람이다. 이번 달까지 내가 세운 목표를 실현하겠다.' 와 같은 말을 지속적으로 되뇌어 보자. 나의 사고방식에 영향을 끼치고 결국은 나를 변화시키게 될 것이다. 반드시 내가 원하는 모습으로 변한다는 확신이 쌓이면 불가능도 가능하게 된다.

감사일기를 작성해라. 하루 동안 일어났던 일을 적고 작은 일에도 감사하는 긍정의 마음을 가져라. 나 또한 매일 감사일기를 쓰고 있다. 잠들기 전 하루 감사했던 순간을 떠올리며 감사하는 게 좋다 하여 그렇게 하고 있다. 특별한 일이 아니더라도 가족이 건강함에 감사하고 좋은 동료들과 근무할 수 있음에 감사한 마음을 갖는다 특별한 이벤트가 일어나지 않고 평온하게 하루를 보낼 수 있다는 것만으로도 하루하루가 감사하다.

감사의 글은 삶을 잘 살아갈 수 있는 치유제가 되며 용기를 준다. 감사할수록 더 감사할 일들이 많이 생기게 된다.

행복의 언어를 사용해서 뇌가 기분 좋아지도록 만들자. 지금보다 훨씬 더 나은 삶을 살게 될 것이라는 믿음을 갖자. 힘든 일이 있어도 스스로에게 괜찮다고 위로의 말을 건네보자. 긍정을 담은 문장을 만들고 늘 되뇌어야 한다. 하루의 일과를 감사로 마무리하는 것은 나를 긍정적으로 변화시키는 가장 좋은 방법이다.

긍정적인 자기 암시를 하자. 긍정적인 생각에 나를 집중시켜 보자. 모든 면에서 지금보다 훨씬 나아지는 나를 상상하며 스스로에게 긍정적인 말을 해주자. 기합을 넣어 큰 소리로 외쳐보는 것도 좋다. 내가 믿는 대로 나는 성장할 것이다. 어떤 일을 시작하기 전에는 스스로에게 용기 주는 말들을 해보자. '당당히 고개를 들어라.' '내가 원하는 인생을 만들어 갈 거야.' '한 번뿐인 인생인데 내가 원하는 인생을 스스로 설계해 보자.' 이렇게 긍정적인 말을 하는 것이다. 내가 원하는 모습에 가깝게 다가가고 있는 나를 발견할 것이다.

'무슨 일이 있어도 지금보다 더 멋지게 성장할 수 있어'라는 긍정적인 말을 하는 사람들이 있다. 긍정적인 마음을 가지고 생활하는 사람들은 대인관계에서도 좋은 관계를 유지한다. 관계성이 좋은 사람들은 타인을 잘 이해한다. 동기부여 전문가 토니 로빈스는 "우리에게 필요한 것은 초능력이 아니다. 하루치의 사람에 온전히 집중할 수 있는 긍정의 힘이다."라고 했다. 초능력보다도 긍정의 힘을 더 가치있게 본 것이다. 긍정적인 사고를 가지면 감정을 잘 다스리게 되고 강한 멘탈을 가질 수가 있게 된다.

Important Notes

말의 힘: 어렵다. 힘들다. 할 수 없다고 하지 마라. 별거 아니다. 할 수 있다고 해라. 말하는 대로 이루어진다.

남보다 나를 사랑하기: 무례한 사람에게 나를 희생하지 않기

상대방이 무례한 행동을 했을 때는 분위기상 화를 내지 못하더라도 절대 웃어줘서는 안 된다. 군대라는 조직에 속해 있다 해서 무조건 참는 것이 답은 아니다. 나만 참으면 된다는 생각으로 그냥 넘겨서는 안 된다. 배려라고 생각하고 억지로 웃어주면 나는 상처받고 며칠 동안 그 일로 괴롭게 된다. 상대방이 나를 배려하지 않았을 때는 나도 단호하게 대처할 줄 알아야 한다. 그래야 다시는 똑같은 행동을 반복하지 않는다. 나는 나에게 함부로 말하는 사람이 있으면 같은 언어로 대응하지 않는다. 우선은 3초 동안 침묵을 유지하고 무표정한 표정으로 그 사람을 응시한다. 그러면 당사자도 뭔가 잘못됐음을 감각적으로 알게 된다. 무례한 말을 들었을 때는 너의 말이 불편하다는 표현을 분명하게 해줘야 한다.

무례한 사람들에게 웃어주면 안 되는 이유

늘 부정적으로 상대방을 평가절하하는 사람들이 있다. 그런 사람들은 다른 사람의 이야기를 중간에 자르고 자기 위주로 이야기를 끌고 간다. 그런 사람들에게 배려하고 웃어주면 본인의 의견을 옳다고 생각하고 오히려 사람들을 가르치려 든다. 이런 사람들은 그저 멀리하는 것이 방법이다. 절대 호응하거나 웃어주면 안 된다. '또라이 질량 보존의 법칙'이라고 어느 조직이든 일정량의 진상은 존재한다. 그렇다고 내가 앞장설 필요도 없다. 중국 속담에 보면 "누가 너에게 해를 끼치거든 당장 앙갚음하려 애쓰지 말고, 그저 강가에 앉아 기다려라. 그러면 머지않아 그의 시체가 강물에 떠내려가는 것을 볼 수 있다."라고 하였다.

어느 조직이나 권위적인 상사들이 있다. 피할 방법도 없고 그저 웃으면서 넘기자. 라고 체념하는 사람들이 많은데 절대 그러면 안 된다. 억지로 웃어줄 필요는 없다. 그 사람의 행동은 내가 어쩔 수 없지만 내 마음은 내가 다스릴 수 있다. 첫 번째 윗사람이 쏜 화살은 내가 피할 수 없지만 두 번째 내가 나에게 스스로 화살을 쏠 필요는 없다. 그 사람 언행에 상처받고 기분 나쁜데 웃는 위선적인 행동을 할 필요는 없다. 나쁜 업보를 짓게 되면 그대로 돌려받을 거라 생각해

라. 인생은 인과응보이다.

나에게 여러 번 불쾌감을 준 사람한테 웃어주며 친절하게 대하는가? 인간관계란 내가 열심히 노력하고 잘한다 해서 좋은 결과를 얻는 것은 아니다. 무례한 사람들과는 안 만날 수 있다면 만나지 않는 게 좋지만 어쩔 수 없이 마주쳐야 한다면 불편함은 표현해야 한다. 그래야 그 사람도 나에게 조심한다. 이런 사람들과는 친구가 되지 않는 것이 좋다. 사람은 변하지 않는다고 늘 남의 뒷말을 하고 징징거리는 사람은 늘 같은 패턴을 유지할 가능성이 높다. 이런 사람들은 나 자신을 위해서라도 멀리해야 한다.

"죽마고우도 말 한마디에 갈라진다."라는 속담이 있다. 아무리 가까워도 말을 함부로 해서는 안 된다는 이야기이다. 상대방의 이야기가 불편했다면 상대방의 눈을 똑바로 쳐다보자. 그의 시선을 피해서는 안된다. 내가 원하는 것을 명확하게 이야기할 수 있어야 한다. 부드럽지만 단호하게 이야기하는 방법을 택해라. 침묵을 견딜 수 있어야 한다. 말이 길어지면 횡설수설하고 쓸데없는 이야기도 하게 된다. 내가 하고자 하는 말을 논리 있게 이야기했다면 그 뒤로는 입을 다물어라. 무례한 상대방에게도 반성할 시간을 주자.

무례한 사람들의 말에 말려들지 않기

나를 지도한다는 구실로 무례한 말을 아무렇지도 않게 하는 사람들이 있다. 그런 것도 모르냐며 깔아뭉개고 무시하는 사람이 있다면 그 자리를 피해라. 근거 없이 자신감만 넘치는 사람들은 무례함을 장착하고 있다. 주변 사람들은 생각하지 않고 본인이 하고 싶은 이야기를 큰 소리로 떠들어 댄다. 본인이 조금이라도 마음에 들지 않는 사람이라고 생각되면 감정을 노골적으로 드러내서 분위기를 흐린다. 이런 사람들에게는 오히려 단호하게 'NO'라고 이야기할 수 있어야 한다. 그 상황에 절대 말려들지 말아라.

라떼는 말이야~라고 이야기하며 꼰대 같은 사고방식을 버리지 않는 사람이 있다. 이런 사람들은 자기의 사고방식을 상대방에게 주입할 가능성이 크다. 라떼는 말이야~라는 말을 자주 하는 사람들은 공감력이 떨어지는 경우가 많다고 한다. 이런 사람들에게는 분명하게 내가 원하는 바를 이야기해 주는 것이 좋다. 그 사람들의 말에 말려들어 고개를 끄덕일 필요가 없다. 정확하게 표현해 보자. 서로 오해가 있을 수도 있다. 소통이 원활해야 마음이 편해진다. 내가 표현을 안 하면 상대는 본인의 방식이 맞는 거라고 오해할 수 있다.

내가 새로운 것을 시도하고 도전하려고 할 때 성공보다는 늘 실패를 예측하는 사람들이 있다. 그들은 내가 원하지도 않았는데 쓸데없는 조언을 하며 나에게 상처를 준다. 그럴 때 큰 소리로 말싸움을 하게 된다면 그 사람의 말에 큰 힘이 실린다. 이성을 잃어서는 안 된다. 부정적인 반응이 나오려고 하면 스스로 침착함을 유지하려고 노력하자. 남의 비판에 너무 예민하게 반응할 필요는 없다. 그렇게 하다가는 인간관계를 망친다. 인생에 불필요한 참견을 하는 사람에게는 나의 의사를 당당하게 말해라. 그들이 더 이상 내 인생에 참견하지 않도록 막아야 한다.

살다 보면 선을 넘는 사람들이 있다. 무례한 사람들을 만나면 내 기분이 엉망이 된다. 그 사람의 문제로 끝나면 좋겠지만 어떤 때는 내 행동을 돌아보게 되고 나의 문제로 화살을 돌리기도 한다. 무례한 사람들에게 우아하게 대처하고 싶지만 보통은 흥분하게 된다. 중요한 것은 그런 사람들에게 아까운 내 시간을 낭비할 수 없다. 그 사람이 무례한 말을 사용했을 때는 부적절한 그 단어를 그대로 사용해 봐라. 거울 효과를 활용하는 것이다. 그 사람도 당황하게 될 것이다. 모든 상황에 의미를 부여하지 말고 그런 사람들에게는 무성의하게 대응하는 것이 현명하다.

무례한 사람들과 거리 두는 방법

무례한 사람들과는 선을 그어라. 경계를 설정해야 한다. 냉정하고 차분한 자세로 그 사람들의 행동이 무례했음을 알려줘야 한다. '저는 그런 말이 듣기 거북해요.' '다른 사람이 이런 이야기를 들으면 오해하겠어요.' 등 구체적으로 이야기해라. 그래도 자신의 상황을 정당화시키려 한다면 이런 의미의 뜻인가요?라고 다시 한번 상황을 되물어 봐라. 세상에는 그냥 이상한 사람들도 많다. 그 사람들 때문에 나를 자책할 필요가 없다. 그들은 나를 신경 쓰지도 않고 본인 하고 싶은 대로 하는데 내 하루를 그 사람 때문에 망칠 필요가 없다. 때로는 쿨하고 가볍게 그 상황을 넘길 필요가 있다.

상대방의 무례한 행동이 일회성인지 지속적인 것인지 살펴볼 필요가 있다. 어쩌다 그날 안 좋은 일이 겹쳐서 일회성으로 실수를 했다면 한 번은 그냥 무시하거나 넘어가 줘도 괜찮다. 하지만 지속적으로 무례하게 대한다면 주변에 믿을 만한 사람들에게 도움을 요청할 필요가 있다. 상황을 외부의 시각에서 객관적으로 한번 들여다보아라. 그때 내가 잘못되지 않았고 상대가 지속적으로 무례하게 행동한다면 신중하게 대처해야 한다. 참아주는 것이 답이 아니다. 회사에서 이런 사람과 생활하게 되면 삶의 질이 떨어진다. 이런 사람들과는 분리해 줄 수 있도록 건의하고 조치 받는 것이 좋다.

'안 된다'라고 명확하게 표현하자. 주변에 보면 본인이 실수해 놓고 남에게 잘못을 덮어 씌우는 경우를 쉽게 볼 수 있다. 별거 아닌 거에 왜 이렇게 예민하게 그래요? 그냥 웃자고 했던 이야기예요. 솔직히 이런 상황을 지켜보고 있자면 황당하다. 오히려 상대편이 이상한 사람이 된다. 그럴 때는 본인은 웃자고 했을지 모르지만 저는 기분이 나빴어요. 다시는 그런 이야기하지 마세요.라고 단호하게 이야기해야 한다. 공감 제로인 소시오패스들은 입담이 좋다. 그들에게는 말로 이기기가 힘들다. 자신의 행동을 문제 삼을 때 방어적으로 나온다. 그래서 정신을 똑바로 차려야 한다.

겁먹지 말고 당당하게 행동하자. 세상에서 나를 지킬 수 있는 사람은 나 자신뿐이다. 강하게 무장해야 한다. 화가 나는 상황일수록 더 차분하고 냉정해져야 한다. 그 사람의 무례함이 나를 해칠 수 없음을 당당하게 보여 주어야 한다. 그런 사람들은 당당하지 못해 강한 사람한테는 약하고 약한 사람한테는 강한 자세를 취할 가능성이 높다. 그런 존재는 나에게 아무런 영향력을 주지 못함을 알려 주어야 한다. 사람은 쉽게 변하는 존재가 아니다. 나에게 무례하게 했던 사람은 그 행동을 반복할 가능성이 높다. 철저하게 거리를 두는 것이 좋다.

나를 지킬 수 있는 것은 나 자신뿐: 인생에 불필요한 부정적인 참견은 막아라.

품지 말고 풀어라:
트라우마나 강박을 이겨내는 방법

사람은 모두가 같지 않다. 같은 사건을 당하더라도 각자 받는 충격의 깊이는 엄청나게 다르다. 특히 통제된 생활을 하고 엄격한 상하관계가 있는 군에서 트라우마가 생기면 수십 년이 지나도 지워지지 않는다고 한다. 그래서 나쁜 에너지가 쌓이지 않도록 스스로 자신의 감정을 돌보는 것이 중요하다.

트라우마는 과거에 경험한 충격적이고 고통스러운 사건이 몸과 마음에 각인되는 심리적 장애이다. 트라우마를 겪게 되면 공포와 피로감 두통 걱정 원망 등 복합적인 문제가 발생한다. 마음의 병을 노출하지 않고 감추기만 하다가는 중요한 순간에 크게 폭발할 수 있다. 압력밥솥에 밥을 할 때 압력이 차면 증기를 빼줘야 하듯 나쁜 내적 에너지는 조금씩 배출시켜줘야 한다. 불안장애나 우울증이 있는 사람들은 부정적

육군 55보병사단 병사들과 육군 UCC 제작

인 사건이 일어났을 때 강박적으로 되새김질을 한다. 부정적인 내면 소통의 습관이 잘못 형성된 것이다. 명상이든 요가든 적절하게 몸을 움직여 주는 것이 좋다. 압력밥솥의 증기를 빼주듯 나쁜 감정 에너지를 사전에 배출시키자.

나쁜 에너지가 폭발하기 전 배출해 줘야 하는 이유

자신에 대해 끊임없는 강박과 트라우마를 가지고 있으면 우울증에 걸리기 쉽다. 김주환 교수의 『내면소통』에서는 "강박적이고도 반복적인 부정(repetitive negative thinking : RNT)의 습관을 지닌 사람들은 기억력과 인지능력이 저하되고 심지어

치매의 원인으로 생각되는 아밀로이드 베타와 타우 단백질마저 증가하는 것으로 나타났다." 강박과 부정적인 사고는 우리 몸에 스트레스를 주고 전전두피질과 해마체를 약화시킨다. 스스로 제어할 수 없는 상황에 이르기 전에 자신의 감정을 조절해야 한다.

사람들은 힘든 지점을 넘어서지 못하고 포기하는 경우가 많다. 도전정신을 가지고 극복하기보다는 스스로 포기하고 무력감에 빠진다. 무기력증에 학습되어서는 안 된다. 무기력증에 학습된 코끼리는 자유를 주어도 그 상황을 벗어나지 못한다고 한다. 극복할 수 없는 상황에 반복적으로 노출되면 본인이 그 상황을 극복할 수 있는 힘이 생겨도 포기해 버리는 것이다. 이를 학습된 무기력증이라고 한다. 이럴 때는 작은 일에 성취감을 느낄 수 있는 환경을 조성해야 한다. 쉬운 목표부터 시작해서 단계를 높여가는 훈련이 필요하다. 자신감 회복이 우선이다.

빅터 프랭클(1905-1984)은 『죽음의 수용소에서』 책에서 이런 이야기를 한다. "인간에게서 돈, 명예, 권력 등 모든 것을 빼앗을 수 있지만, 딱 한 가지만큼은 지구상의 어떤 힘으로도 빼앗을 수 없다. 그것은 '어떤 상황에 놓이더라도 어떤 마음을 가질 것인가에 대한 최후의 자유'다." 다른 사람들이 나를 비판하더라도 바로 반응할 필요가 없다. 화가 날 때는 잠시 마음을 가라앉히는 것이 좋다. 상대의 말을 감정적으로만 받아들이지 말고 자신을 돌아봐라. 객관적인 평가에도 문제가 없다면 그 사람 말에 스트레스를 받지 않아도 된다.

어떤 일로 충격을 받거나 스트레스를 받으면 같은 일이 발생했을 때 더 예민하게 반응하게 된다. 나는 특별한 이유가 있어 예민하게 반응하는 거지만 다른 사람들은 이유를 모를 수 있다. 예민함이 지속될수록 주변 사람들과의 인간관계는 힘들어진다. 악순환의 고리를 내가 끊어내야 한다. 누구든 나쁜 일은 경험할 수 있다고 생각하고 부정적인 감정에서 빨리 벗어나 보자. 불행감은 전염성이 매우 강하다. 나만의 문제가 아니다. 나로 인해 주변 사람들이 나쁜 감정에 전염될 수 있다는 것을 기억해야 한다.

피해의식에서 벗어나라

열등하고 부족한 면을 부각해서 스트레스를 받을 필요가 없다. 세상에 완벽한 사람은 없다. 누구나 조금씩 부족한 면은 있다. 타인에 대한 공격성을 줄이고 본인이 왜 열등감을 가지게 되었는지 살펴봐라. 모든 이유가 나에게 있다고 생각하고 우울감에 빠질 필요가 없다. 내 외모에 문제가 있어서 또는 집안 환경이 좋지 않아서라고 단정 지어 생각하는 것은 자격지심이다. 마음속에 이런 생각을 가지고 있을 때 나도 모르게 공격적으로 대응하게 된다. 열등감이라는 폭탄이 폭발하지 않도록 스스로 관리하자.

멘탈이 강해지면 누군가 나에게 상처를 주어도 내상을 크게 입지 않는다. 피해의식을 극복하는 힘은 한순간에 생기는 것이 아니다. 자기 자신을 긍정적으로 바라보고 자신의 가치를 인정해 주어야 한다. 건강한 생활습관을 유지하고 스트레스에서 빨리 극복할 수 있는 마음을 가져라. 충분한 휴식과 운동, 건강한 식사는 몸과 마음을 건강하게 해줄 것이다. 부정적인 생각은 멀리해라. 긍정적인 말을 사용하고 늘 기분이 좋은 상태를 유지하려고 노력하자. 그러면 멘탈은 강해질 것이다.

나쁜 기억은 잘 사라지지 않는다. 나쁜 기억은 피해의식이 된다. 피해의식은 우리 삶을 불안하게 만든다. 피해의식이 있는 사람들은 조금만 건드려도 감정이 격앙되어 있다. 두려움과 스트레스로 다른 사람을 받아들일 여유가 없다. 부정적인 정서에서 빠르게 벗어나야 한다. 걱정으로 허송세월을 보낼 수만은 없지 않은가? 피해의식에서 벗어나기 위해서는 변해야 한다. 다른 사람에게 책임을 전가하지 말고 나 스스로 바뀌어야 한다. 지금 당장 변하기 위해 작은 것부터 노력해 보자.

피해의식은 어린 시절 마음의 상처를 받았거나 상심한 경험이 있는 사람들에게 많이 생긴다. 피해의식으로 가득 차 있는 사람들은 사람을 잘 믿지 못한다. 익숙한 곳에 머물러 있을 때만 안정감을 느낀다. 새로운 것들은 위험하다고 생각한다. 부정적인 세계관에서 벗어나기 위해서는 스스로 노력해야 한다. '인생은 내가 하기에 따라 멋지게 바뀔 수 있다.'고 생각해라. 내가 호의적일 때 세상도 호의적으로 다가온다. 새로운 것을 시도하게 되면 나는 발전하고 성장한다는 것을 몸소 체험해 보아라.

트라우마나 강박장애를 극복하는 방법

사람은 큰 사고를 당하거나 심각한 사건을 경험하면 공포감이 생긴다. 트라우마를 겪게 되는 것이다. 서울대병원 정신건강의학과 최수희 교수에 따르면 "일생 동안 한 번이라도 트라우마를 겪을 확률은 50% 이상으로 굉장히 높다."라고 한다. "가까운 사람의 죽음까지 포함하면 80%가 넘는 사람들이 트라우마를 겪는다.”라고 한다. 다행인 것은 치료를 받으면 1~2년 내에 회복 가능하다는 것이다. 트라우마에서 회복하기 위해서는 자신이 겪고 있는 감정을 말로 표현하는 것이 좋다고 한다. 스스로 표현하고 주변 사람들의 지지까지 뒷받침되면 빠르게 트라우마에서 벗어날 수가 있다.

트라우마나 강박이 생겨서 힘들다면 나 혼자 해결하려고 하지 말아라. 정신건강의학 전문의의 도움을 받는 것이 좋다. 시간이 지나면 좋아지겠지 하고 방치했다가는 증세가 더 심해질 수 있다. 불안과 불면증이 심해지면 삶의 질이 떨어지고 피폐해진다. 그 단계에 가기 전에 전문가와 상담하고 처방을 받는 것이 좋다. 스스로의 의지가 가장 우선 되어야 한다. 현재는 문제가 없는데 자꾸만 과거의 사건으로 내 발목을 잡아서는 안된다. 지금의 나는 안전하니 불안해할 필요가 없다. 지금은 과거의 내가 아니라고 스스로 인지해야 한다.

트라우마는 누구나 겪을 수 있다고 유연하게 생각해야 한다. 살다가 누구나 겪을 수 있는 일을 내가 겪은 것뿐이다. 나는 빠르게 회복할 수 있다고 믿고 긍정적인 사고를 가져야 한다. 사소한 일로 겁에 질리거나 불안해하지 않아야 한다. 스스로 감정을 통제하는 방법을 배우자. 신체활동을 늘려주는 것도 방법이 된다. 내가 할 수 있는 범위 안에서 많이 움직여라. 좋은 풍경을 보면서 걷는 것도 좋고 힘든 일을 잊기 위해 땀 흘리며 뛰는 것도 좋다. 몸을 움직이게 되면 경직되었던 사고가 유연해지게 될 것이다.

강박 증세를 가지고 있는 사람들이 주변에 의외로 많다. 강박이 있는 사람들은 완벽주의 성향을 갖고 있는 경우가 많다. 확인 강박증, 저장 강박증, 결벽증 등 강박의 종류도 다양하다. 강박 증상이 일어나면 뇌에 과부하가 걸리고 죽을 것만큼 힘든 마음이 든다고 한다. 실제로 일어나는 일이 아님에도 실제처럼 리얼하게 상상함으로써 고통을 받는 것이다. 계획과 절차대로 이루어지지 않으면 완벽하지 못해 실패했다고 좌절하기도 한다. 실패와 오류를 통해 배우고 성장한다는 사실을 잊어서는 안 된다. 완벽할 때를 기다리다가는 아무것도 시도하지 못한다.

Important Notes

트라우마에서 벗어나기: 풍경을 감상해도 좋다. 땀을 흘려도 좋다. 나만의 방식으로 빨리 회복하라.

무소유의 자신감:
현재 가진 것 없이도 당당하게

자신감이 넘치는 매력적인 사람은 다른 사람들이 함부로 대하지 못한다. 스스로 맡은 일을 잘 해내며 주변 사람들에게 친절하게 대해봐라. 계급이 낮다는 이유로 절대 무시하거나 함부로 대하지 않는다. 최고가 되고 싶은가? 그러면 가진 것이 없어도 최고가 된 것처럼 행동해라. 건강한 자신감이 필요하다. 자신감 있는 태도와 대담한 시도가 필요하다. 평생 남의 눈치만 살피다가 인생을 마감할 수는 없지 않은가? 자기 암시를 해보자. '나는 할 수 있다. 나는 해낸다.' 나의 무의식을 좋은 방향으로 통제해 보자. 무기력에서 벗어나야 한다. 희망을 가지고 열정적으로 도전해라. 현재 가진 것이 없고 비참하더라도 희망이 있는 사람들은 성공할 수 있다. 의지가 있다면 넘어지더라도 기필코 다시 일어난다. 강한 멘탈을 가지고 열심히 노력한다면 개천에서 용이 나는 상

육군 혁신학교 교육참여

황도 충분히 일어날 수 있다.

이미 모두 다 이룬 것처럼 살아가야 하는 이유

사람 인생은 어떻게 변할지 아무도 모른다. 한 치 앞도 모르는 것이 인생이다. 25년이 지난 지금까지 군복을 입고 군인으로 생활할지 나 자신도 몰랐다. 대학생 때 갑자기 멋진 인생을 살아보고 싶어서 과감한 도전을 했다. 특전사에 지원했다. 내가 군 생활을 시작했을 때만 해도 사람들은 내가 군 생활에 적응을 못 할 거라고 걱정했었다. 작은 일에도 흔들리고 자신감 없던 소심한 멘탈을 가지고 있었던 나는 군 생활을 통해 최강 멘탈로 바뀌었다. 가진 것은 없었지만 미래에는 분명 멋진 군인으로 성장해 있을 거라 믿었다. 결국 해낼 것이기 때문에 자신감을 가져야 한다고 생각했다.

군 생활 초임 때 내 좌우명은 '강한 자가 이기는 것이 아니라 이기는 자가 강한 것이다.'였다. 물론 두려움과 걱정이 밀려올 때도 많았다. 하지만 스스로에 대한 자존감이 높았기에 견뎌낼 수 있었다. 돈이 아무리 더러워지고 구겨져도 그 돈의 가치가 줄어들지 않는다. 나 또한 지금 계급이 낮을 뿐 내 가치가 줄어드는 것은 아니라고 생각했다. 절대 어떤 순간에도 비굴하지 않으려고 노력했다. 계급사회이기에 계급에 맞게 행동하고 내 역할을 잘 해내면 된다는 마인드를 가지고 있었다. 그 생각은 지금도 마찬가지이다.

군 생활 동안 아주 무서웠던 지휘관을 만난 적이 있다. 강직하신 성격에 잘못하면 크게 혼낼 때도 많았다. 내가 상사 시절 그 무서운 사단장님 앞에서 연구강의를 한 적이 있다. 다른 참모님들과 용사들까지 모두 모여있던 자리였다. 강의를 하는 동안 무섭게 응시하며 날카로운 질문을 하셨었다. 그때 나는 당황하지 않았고 당당하게 연구강의를 마쳤다. 강의를 마친 후 사단장님께서 나에게 이런 말씀을 하셨다. "다른 사람들은 내가 무서워서 눈도 똑바로 못 쳐다보는데 넌 참 당당하다. 잘했다."라고 칭찬해 주셨다. 거칠고 센 사람이 강한 것이 아니라고 생각한다. 여유롭고 당당할 때 진정한 왕의 마인드 셋이 뿜어져 나오는 것이다.

비전 없는 삶을 살면 내가 아는 세상에 갇혀 버린다. 내가 경험한 것이 전부라고 생각한다. 왕의 마인드를 가지고 크게 생각해야 한다. 내가 상상할 수 있는 한 최대한 큰 비전을 꿈꿔야 한다. 나는 지금보다 더 멋진 내일을 꿈꾼다. 그래서 매일매일이 행복하다. 내가 꿈꾸던 것을 이루어 냈을 때를 상상한다. 오늘 비참하더라도 멋진 내일을 꿈꾸기에 버틸 수 있는 것이다. 인간으로 태어나서 그럭저럭 살다가 죽을 수만은 없지 않은가? 멋진 비전은 나를 움직이게 한다. 앞으로 끌어당겨 준다. 결과는 내가 통제할 수 있는 영역이 아니다. 단 내가 어떻게 생각할지는 내가 통제할 수 있다. 왕의 마인드 셋을 장착해 보자.

왕의 마인드 셋을 갖춰라

내가 상상하는 모습으로 내 모습을 바꿔보자. 삶을 살아가는 태도와 마인드부터 바꿔야 한다. 언제까지나 밀림의 하이에나처럼 눈치 보는 삶을 살 것인가? 밀림의 왕 사자처럼 강력한 마인드 셋을 갖춰야 한다. 자신의 목숨이 위태로울 수 있는 밀림의 초원 위에서 어슬렁 어슬렁 누워 있을 수 있는 유일한 동물은 사자이다. 사자의 여유 있는 표정과 동작은 상대 동물들에게 위압감을 준다. 뭔가를 하지 않아도 그 존재만으로도 두려움이 되는 것이다. 사자가 가진 왕의 마인드 셋을 장착해 보자.

유대인들이 정신적 지주라고도 말하는 『탈무드』에는 이런 문장이 있다. "물고기 한 마리를 잡아 주면 하루를 살 수 있지만, 그물 짜는 법을 가르쳐 주면 평생을 살아갈 수 있다." 한 끼를 배부르게 먹는 것이 중요한 것이 아니다. 평생을 배부르게 살 수 있는 방법과 마인드를 갖추는 것이 중요하다. 현재에 고정되어서는 안 된다. 현재에 고정되어 있는 사람들은 방향성 자체가 없다. 현재만 보고 살아가서는 안 된다. 성장 마인드 셋을 가지고 내가 하고 싶은 일들을 과감하게 시도하는 것이 중요하다.

다른 사람과 비교하는 삶을 사느라 에너지를 낭비하지 말아라. 비교는 내 행복을 빼앗아가는 도둑이다. 타인의 시선에 비치는 나를 신경 쓰느라 스트레스를 받지 말아라. 긴장과 스트레스는 팽팽하게 당겨진 고무줄과도 같다. 일시적이라면 다시 돌아올 수 있지만 시간이 길어지면 원상복구가 어려울 수 있다. 남들과 비교했을 때 현재의 내가 초라하고 답답한가? 비교하면 더 초라해질 뿐이다. 나는 나로서 존재 가치가 충분하다. 나를 알아가는 데 시간을 더 많이 투자해라. 그리고 내가 더 나아질 수 있는 방향으로 실천해 보자.

남의 시선에 흔들리지 않을 강력한 마인드 셋을 갖춰라. 내가 이런 행동을 했을 때 사람들이 어떻게 나를 생각할까? 걱정된 적이 있을 것이다. 하지만 그건 나의 착각일 뿐이다. 다른 사람들이 나에 대해서 큰 관심이 없다. 나의 이야기는 단순한 가십거리일 뿐이다. 험담을 좋아하는 사람들은 타인에게 큰 관심이 없다. 금세 다른 곳으로 관심을 돌릴 뿐이다. 남의 시선에 너무 신경 쓸 필요가 없다. 내가 자유롭고 여유로운 마음을 가질 때 인간관계도 편해진다. 왕의 마인드 셋을 갖추고 여유롭게 상대를 대해보자.

지금 가진 깃이 없어도 모두 가진 것처럼 살아기는 비법

주변에 나를 지원해 줄 수 있는 든든한 지원자를 두는 것이 좋다. 사람은 외로울 때 쉽게 나약해진다고 한다. 따뜻한 정서적 지원을 받는 사람들은 내면이 강하다. 아무리 어려운 일을 겪어도 한결같이 사랑과 신뢰를 줄 사람이 있다고 믿기에 두렵지 않다. 그런 사람이 주변에 있다면 어떤 상황에서도 비굴하지 않고 당당하게 나아갈 수 있다. 힘들고 어려운 역경에 부딪쳐도 나에게 손 내밀어 줄 수 있는 누군가가 있어야 한다. 이런 사람이 곁에 있다면 모든 장애물을 감당할 수 있게 된다.

나 자신에게 집중하고 자존감을 높이면 당당하게 살아갈 수 있다. 자신의 가치를 믿어라. 현재 상황에서 내가 할 수 있는 일에 최선을 다하면 된다. 감사와 긍정적인 태도가 중요하다. 열심히 노력하는 모습을 보이면 나를 도와줄 좋은 사람들이 나를 알아보게 될 것이다. 내가 노력했는데 결과가 좋지 않다고 불평하지 말아라. 무슨 일이든 결과는 신의 영역이다. 어떤 상황에서도 긍정적인 마인드를 잃지 않는 것이 중요하다. 어려움을 도전으로 바라보자. 현재 가진 것에 감사하고 이미 가진 것을 가치있게 바라볼 수 있는 태도가 중요하다.

인생을 잘 살아가기 위해서는 내가 먼저 주는 삶을 살아야 한다. 내가 많이 베풀게 되면 주도권은 나에게 돌아온다. 남들보다 많은 것을 갖지 못했다고 두려워할 필요가 없다. 베풀 수 있는 삶은 행복한 삶이다. 내가 원하는 삶을 향해 천천히 나아가면 되는 것이다. 공자가 이야기했다. "멈추지만 않는다면 얼마나 천천히 가는지는 문제 되지 않는다."
인생은 속도보다 방향인 것이다. 내가 원하는 방향과 남들이
원하는 방향은 다른 것이다. 나의 가치관을 믿고 내가 원하
는 방향으로 나아가 보자.

　하브 에커의 『백만장자 시크릿』에서는 "부자는 계속 배우
고 발전한다. 가난한 사람은 이미 안다고 생각한다."라고 했
다. 부자는 더 부자가 되고 가난한 사람은 더 가난한 사람이
되는 세상이다. 삶을 잘 살아가기 위해서는 태도가 가장 중
요하다. 다 안다는 생각은 위험하다. 더 배우고 발전하겠다
는 마인드를 가져야 한다. 끊임없이 배우고 노력하지 않으면
뒤처진다. 자신에게 투자하고 계속 발전하는 삶을 살아보자.
세상에 공짜는 없다. 성공하고 싶다면 남들이 하지 않는 최
고의 노력을 기울여야 한다.

Important Notes

최고가 되는 방법: 가진 것이 없어도 왕이 된 것처럼 자신감 있게 행동하기

PART 4

감정의
주인 되기

스스로 칭찬하기:
자신감 향상을 위한 최고의 방법

스스로를 칭찬하는 습관을 가진 사람은 자신감이 충만하다. 안정되어 있기에 사소한 일에는 멘탈이 흔들리지 않는다. 어떤 일이 잘못되었을 때 사람들은 남들에게는 너그러운 편이다. 하지만 스스로에게는 조그만 실수에도 자책하는 모습을 보인다. 절대 그럴 필요가 없다. 처음부터 잘하는 사람은 없다. 지금 잘하는 사람들도 처음에는 미흡했다는 사실을 알아야 한다. 결과물만 생각하지 말고 성실하게 실천하는 과정을 스스로 칭찬해 보자. 칭찬을 통해 기분 좋은 상태를 만드는 것이 행복한 삶을 사는 비결이다.

스스로 칭찬하는 습관을 가져야 하는 이유

육군 모집홍보관은 내 커리어 중에서 가장 흥미로운 경

대학 신입생환영회 육군모집설명회

험이었다. 제복 입은 군인이 총과 칼을 들고 작전과 훈련을 하는 것이 아니라 펜 마우스와 노트북을 들고 중학교와 고등학교, 대학교를 찾아가 학생들을 대상으로 육군과 육군에 있는 여러 직업군을 소개한다. 수많은 청중들 앞에서 육군 간부라는 주제로 설명회를 하는 것은 쉽지 않은 경험이었다. 이런 상황에 내가 가진 루틴은 강단에 오르기 전 수없이 긍정의 말을 되뇌고 스스로 칭찬하는 것이었다 '나 잘할 수 있다.', '난 잘해왔다.', '난 최고다.' 모든 설명회를 다 잘했다고 자신할 순 없으나 모든 설명회를 자신 있게 했다고는 할 수 있다.

과학자들은 칭찬을 들으면 뇌에서 보상을 받았다는 영역

이 활성화된다고 주장한다. 칭찬은 고래도 춤추게 한다는 연구결과도 있다. 몸무게가 3톤이 넘는 고래가 춤출 수 있는 힘은 조련사의 칭찬과 믿음이라고 한다. 그래서 나는 스스로에게 셀프 칭찬을 자주 해준다. 칭찬은 마법과 같은 시너지 효과를 일으킨다. 스스로 칭찬을 하는 것은 자신의 행복을 높이는 가장 쉬운 방법이다. 만족감을 느끼게 되고 긍정적인 마인드가 형성된다. 실패에 대한 두려움보다는 성공에 집중할 수 있는 긍정적 태도를 갖게 되는 것이다.

칭찬을 받으면 자신감이 올라가고 동기 부여가 된다. 자신감이 떨어져 할 수 없는 상황이었을 때 칭찬을 받게 되면 도전할 수 있는 용기가 생긴다. 미국 임상신경과학자이자 정신과 전문의 다니엘 G.에이멘은 칭찬을 들었을 때 뇌 촬영 분석 결과를 분석했다. 연구결과 "칭찬받은 사람은 뇌로 전달되는 혈류량이 많이 증가되었다."라고 한다. 혈류량이 증가함으로 두뇌회전도 빨라지고 적응력이나 의욕도 향상되는 것이다. 자신이 하고 싶었던 일을 과감하게 도전할 수 있게 되는 용기가 생긴다. 이렇게 새로운 일들을 경험함으로써 엄청난 성장을 경험하게 된다.

자신과의 소통이 원활해진다. 스스로를 칭찬한다는 것은 스스로에게 긍정적인 자기암시를 하는 것이다. 긍정적 자기 암시가 내재되어 있는 사람들은 대범하게 행동한다. 기회가 왔을 때 가능성을 보고 기회를 잡는다. 길이 없더라도 길을 만들어 내게 된다. 반성은 하지만 후회하지는 않는다. 자기혐오 등은 불안감을 키우는 것이라는 것을 알기에 후회라는 단어는 잊고 앞만 보고 달린다. 스스로 칭찬하는 습관을 갖게 되면 불운이 찾아왔을 때 미소 지을 수 있는 여유가 생긴다. 그리고 나를 대하듯 다른 사람들에게도 관심을 가져보자. 한 번만 입장 바꿔 생각해 보면 된다. 애정을 가지고 긍정적인 대화를 이끌어 보자. 단 주의해야 할 점은 진정성 없는 칭찬은 오히려 독이 된다는 것이다. 모든 관계에서는 진실됨이 있어야 한다는 것이다.

자신 스스로 신뢰하고 지지해 줘야 한다

주변 사람들에게 지지와 응원을 받는다면 더 좋겠지만 스스로 하는 지지가 우선이다. 남들은 나에게 큰 관심이 없다. 자기감정의 지지자는 내가 최우선이 되어야 한다. 이 세상 모든 사람들은 각자 준비된 노선이 다르다. 목표와 기준점도 다르고 도착점도 다르다. 나 자신이 정한 목표에 승부를 걸어야 한다. 어떻게 하면 내가 원하는 목적지에 빠르게 도달할 수 있을지 나 자신과 대화해야 한다. 나에게 집중했을 때 남과 비교하는 스트레스도 줄어들고 마음이 편안해질 것이다.

삶에 큰 변화가 없는 것은 당연한 것이다. 어제와 같은 오늘에 지쳐있다면 하루하루를 잘 버텨내고 있는 스스로를 칭찬해 줘라. 생활에 작은 변화를 주는 것으로 천천히 시도해도 된다. 작은 변화를 계속해 나가다 보면 미래에는 크게 변해있을 것이다. 지금의 상태를 바꾸고 싶다면 내가 할 수 있는 범위 안에서 변화를 줘보자. 내가 세운 목표에 도달했으면 스스로를 칭찬해 주고 다음 목표를 세우자. 이렇게 되풀이하다 보면 작은 목표를 하나씩 이루게 되고 자기 긍정감도 높아진다.

노력하는 사람은 하늘도 반드시 도와준다고 했다. 자신을 믿는 마음은 나를 일어서게 하는 에너지원이다. 스스로 자신에 대한 신뢰와 확신이 필요하다. 자기 신뢰감이 충만할 때는 외부 세계에서 어떤 충격을 가해도 견뎌낼 수 있다. 자기 감정에 진실해야 한다. 스스로 자신이 있을 때는 자신의 존재 자체가 다른 사람에게 힘이 된다는 것을 믿는다. 자신감이 붙게 되면 부정적인 생각이 사라지기 때문이다. 소신껏 내 마음이 가는 대로 행동할 때 조용히 행복이 찾아온다.

내가 세상의 주인공이라는 사실을 잊어서는 안 된다. 주인공은 배역이 크고 하는 일이 많다. 솔선수범해야 한다. 인생의 힘든 과정을 거쳐야 해피엔딩으로 끝날 수 있다. 자신을 소중하게 대해주자. 스스로에게 세상에서 가장 좋은 음식을 대접하자. 좋은 인연을 맺어주고 좋은 관계를 유지하자. 좋은 책을 선물해 주고 많은 생각을 하게 하자. 세상에서 가장 소중한 존재는 나 자신이라는 것을 잊어서는 안 된다. 본인을 아끼고 존중해 줬을 때 강한 멘탈로 무장할 수 있게 된다.

스스로 칭찬을 통해 자신감을 올리는 방법

자신감을 높이기 위해서는 일상 속 좋은 습관을 매일 실천해야 한다. 인생은 늘 선택의 기로에 서 있다. 아침에 일찍 일어나는 것도 자신감을 높일 수 있는 좋은 습관이다. 게으름을 이겨내고 일찍 일어났다는 성취감을 느낄 것이다 양치하기 전 거울 앞에서 스스로에게 웃어주고 하루를 잘 시작할 수 있도록 긍정 확언을 해준다. 스스로 충분히 멋진 사람이라고 응원의 메시지를 보내주는 것이다. 그리고 매일 잠들기 전에는 감사 일기로 하루를 마무리를 하는 것이 중요하다. 감사하는 마음이 쌓이면 자신감도 같이 높아진다.

라틴어 옵티머스에서 파생된 낙관주의라는 단어가 있다. 네이버 사전에서 찾아보면 낙관주의는 "주어진 상황에서 가장 최선의 가능성을 기대한다"라는 뜻이다. 스스로 낙관주의자가 될 수 있도록 노력해 보자. 낙관주의는 우리가 잘 알고 있는 긍정적인 자세와도 같다. 낙관주의자는 회복탄력성이 좋으며 매사에 최선을 다한다. 긍정의 자세로 자신의 장점을 보고 스스로를 칭찬한다. 낙관주의자들은 매사에 자신감이 넘친다. 자신감이 생기면 상황을 피하지 않고 용기 있게 직면할 수 있게 된다.

힘든 상황도 잘 극복해 낼 수 있다고 스스로에게 용기를 주자. 모든 것을 완벽하게 해내는 사람은 없다. 이번에 실수했더라도 다음번에는 같은 실수를 하지 않고 더 잘하겠다고 마음먹으면 된다. 스스로의 한계를 정확하게 아는 것이 더 중요하다. 자신이 없는 분야는 자신이 없다고 솔직하게 말하고 도움을 청하면 된다. 열심히 노력했다면 결과를 가지고 자신을 비난할 필요가 없다. 긍정적으로 사고하면 어떠한 문제가 닥치더라도 현명한 해결 방법이 떠오를 것이다.

인생의 요행을 바라지 말자. 한 방보다는 성실함과 꾸준함으로 승부를 봐야 한다. 성실한 자세로 꾸준히 노력했을 때 분명 성장하게 되어있다. 스스로를 응원해 줘야 한다. 지금 잘하고 있는 나에게 힘을 실어줘야 한다. 잘 살아가기 위해서는 오늘도 버텨야 한다. 버티지 못하고 중도에 포기하면 아무것도 이루지 못한다. 버티기 괴롭고 힘든 상황에서 필요한 것은 타인의 응원과 격려가 아니다. 부정적 상황에서 나를 다시 일어설 수 있게 하는 유일한 사람은 '나 자신'이다.

Important Notes

스스로 칭찬이 중요한 이유: 칭찬은 고래도 춤추게 한다.

나만의 시간 갖기:
재충전을 위한 투자

군 생활을 하며 정신없이 하루하루를 보내다 보니 어느덧 번아웃이 찾아왔다. 번아웃이란 "어떠한 활동이 끝난 후 심신이 지친 상태"라고 한다. 정신없이 바쁜 일상 속에서 하루를 보내고 퇴근하면 여러 가지 생각들로 뒤죽박죽 어지러웠다. 그래서 나만의 시간을 갖기로 했다. 하루 일과를 마치며 나만의 시간을 가지고 생각을 정리하는 시간을 꼭 가졌다. 불필요한 것들은 과감하게 버리고 진정 나에게 필요한 것이 무엇인지 생각해 보는 시간들이 필요했다. 그리고 일과 후 공부도 하고 내가 좋아하는 일들을 하나씩 이루어가며 성취감을 느끼게 되었다. 혼자만의 시간에 나는 조용히 독서하는 것을 좋아한다. 좋은 책을 읽다 보면 내가 고민하던 문제가 쉽게 해결되기도 한다. 이런 시간이 쌓이자 좋은 에너지로 재충전이 되었고 긍정적이고 밝은 생각으로 몸과 마음이

국방로봇학회 학술대회 참여

회복되었다. 자기만의 시간을 충분히 가지면 에너지가 충전된다. 무슨 일이든 다시 새롭게 할 수 있는 강력한 힘이 생긴다.

자기만의 시간이 필요한 이유

신병교육대대 교관을 할 때는 나만의 루틴으로 삼은 방법이 있었다. 교육 준비에서 5주간의 교육성과분석 후에는 차기 교육이 돌아올 때까지 헬스, 컴퓨터, 자격증 공부, 취미 활동 즐기기 등 나에게 주는 선물 같은 시간을 준비했다. 부대 일과시간이 끝나면 곧장 해당 장소로 이동해서 나를 위한 시간에 매진했다. 머릿속에 의도적으로 부대와의 단절을 가졌다. 혹자는 그게 가능하냐고 되묻기도 하였지만 물론 100% 단절하는 것은 불가능했지만 노력했다. 개인적인 발전도 좋았지만 무엇보다 부대와 상관없는 나를 위한 선물을 준다는 것에 만족했다.

스스로에게 자신이 없고 두려움이 생길 때는 자기만의 시간이 필요하다. 20대 체력도 좋고 자신감이 넘칠 때는 무슨 일이든 할 수 있을 것 같았는데 아이를 낳고 육아까지 병행하며 군 생활을 할 때는 버겁다는 생각이 들 때도 있었다. 그래서 나는 어떤 잠재력을 가지고 있는지? 내가 진정으로 하고 싶은 일은 무엇인지? 스스로에게 질문을 던져 보았다. 비범한 사람이 되고 싶다면 그에 맞는 비범한 생각과 훈련이 필요하다고 생각했다. 자기만의 시간을 통해 내 자신을 이해하고 성장하는 시간을 가졌던 것이 많은 도움이 되었다. 자기만의 시간은 자신의 목표에 대해 깊게 고민할 기회를 준다.

멘탈이 강해지면 자존감이 올라가고 삶의 질 또한 높아진다. 자존감은 자기 자신의 강점을 정확하게 알 때 높아지는 것이다. 군 생활을 하면서 체력이 전부가 아니라는 생각이 들었다. 공부를 해야겠다고 생각했다. 다시 책을 펴고 군과 관련된 공부를 시작했다. 지금부터 꾸준히 공부하면 10년 후에는 분명히 훨씬 더 괜찮은 사람으로 성장해 있을 것 같은 생각이 들었다. 세상에서 제일 안타까운 사람은 자기가 좋아하는 일이 무엇인지조차 모르고 사는 사람들이다. 그리고 자기가 좋아하는 일은 있지만 시간이 부족하다는 이유로 즐기지 못하는 것도 안타깝다. 인생은 길지 않다. 시간은 제한적이다. 자신이 좋아하는 일을 찾고 자신을 위한 시간을 보내야 한다.

당장 무엇인가 바꾸려고 애쓰지 않아도 괜찮다고 스스로를 다독였다. 천천히 한 걸음 한 걸음 노력하다 보면 분명히 상황은 좋아질 수 있을 거라 생각했다. 현재가 답답할 때는 현재 상황에서 벗어나 넓은 시야를 가지고 멀리 보는 게 답일 수도 있다. 현장에서 문제를 해결하려고 할수록 상황이 악화되는 경험을 해본 적이 있을 것이다. 그럴 때는 자기만의 시간을 갖고 삼자의 시선에서 고민해 보는 것도 좋다. 그렇게 시간을 보내다 보면 진정한 반성을 하게 된다. 이런 고민은 건강한 고민이다. 자기 문제를 명확하게 알고 해결하는 사람들은 타인과의 관계도 건강하다.

혼자만의 시간 즐기기

혼자만의 시간은 외롭고 힘든 시간이 아니다. 침묵을 음미하는 법을 배워라. 하루를 마무리하며 나 자신과 대화하는 시간을 가져봐라. 일기를 쓰는 것도 좋다. 내 감정을 정리할 수 있는 시간은 소중하다. 이 시간은 온전히 나에게 집중해야 한다. 이 시간만큼은 자신의 고통과 어두운 부분을 건드려도 좋다. 고통을 감내할 수 있을 때 그 가치를 알게 된다. 동트기 전 새벽이 가장 어둡다고 어두움은 새로운 희망일 수도 있다. 자기만의 시간을 가지며 자신을 인정해 주자.

세상 어느 누구도 내가 한 일에 대한 결과를 책임져주지 않는다. 누군가가 내 인생에 대해 보장해 줄 거라고 믿는다면 어리석은 생각이다. 다른 사람을 믿을 것이 아니라 나 자신을 믿어야 한다. 내가 올바른 선택을 할 수 있을 거라 믿어야 한다. 그러기 위해서는 나와의 깊은 대화 시간들이 필요하다. 나 자신에 대한 깊은 신뢰와 믿음이 있으면 사람들이 날 배신하고 인정하지 않아도 멘탈이 흔들리지 않는다. 사람들은 분명 자신만의 목적을 가지고 태어난다. 본인을 신뢰하고 믿어라.

혼자만의 시간은 자기성찰의 기회를 준다. 조용한 시간은 외부의 소음을 차단해 준다. 깊은 내면의 생각과 함께 자신에 대한 본질적인 질문을 던지게 된다. 내가 누구인지 깊게 이해할 수 있는 기회가 된다. 이런 고요한 시간은 스트레스의 요인들에서 벗어나게 해준다. 정서적 안정감을 준다. 고독은 절대 지루함이 아니다. 혼자만의 시간을 즐길 때는 스마트폰을 멀리해라. 온라인과의 단절이 될 때 진정한 자기만의 시간을 가질 수 있다. 내면의 생각에 온전하게 집중하게 되는 것이다.

혼자 있는 시간을 두려워하지 말자. 혼자 있는 시간을 잘 보내는 사람이 다른 사람들과도 잘 지낸다. 나 자신이 단단할 때 다른 사람과도 건강한 관계를 유지할 수 있는 것이다. 혼자 있는 시간을 어떻게 보내느냐에 따라 나의 미래가 결정된다. 시간은 누구에게나 공평하게 주어진다. 그 시간을 잘 활용해 보자. 계획을 세우고 시간에 맞춰 완벽하게 일을 처리하기 위해 노력하자. 원하는 대로 살고 싶다면 원하는 미래를 상상해 봐라. 혼자 있는 조용한 시간이 미래를 설계하기 가장 좋은 시간이 될 수 있다.

자기만의 시간에 자기를 돌보는 방법

지치고 힘들 때는 익숙한 곳을 떠나 낯선 환경으로 여행을 가보는 것도 좋다. 나를 아무도 모르는 곳이 좋다. 스트레스 없이 편안하게 나의 생각을 정리해 보는 시간을 가져보자. 새로운 여행지에서 우리는 아무도 아닌 사람이 된다. 사회적으로 안고 있는 직책에 대한 부담을 내려놓을 수 있는 것이다. 사회에서 주어진 역할들로 지쳐 있을 때는 나의 정체성에 대해서 잠시 내려놓아도 좋다. 오로지 나를 위한 여행을 떠나는 것이다. 온전히 나에게 집중한 여행을 즐겨보자.

김주환 교수의 『내면 소통』 책에서는 앤소니 드 멜로 (Anthony de Mello) 신부의 강연에서 들은 양의 무리 속에서 자란 새끼 사자 우화가 나온다. "양의 무리 속에서 자란 사자는 커서도 자기가 양이라고 생각하고 양처럼 행동하고 양처럼 살았다. 주변을 둘러봐도 양밖에 보이지 않고 양들이 모두 자신을 양처럼 대해주니 자신을 양으로 생각할 수밖에 없었다. 그러던 어느 날 연못에 비친 자기 모습을 보았다. 그 순간 자신이 사자임을 깨달은 사자는 순식간에 사자가 되었다. 사자로서의 정체성을 되찾은 것이다. 그 사자는 다시는 양의 무리로 돌아가지 않았다." 이것이 바로 자신만의 시간이 필요한 이유이고 '깨달음'의 의미다.

나만의 취미를 발견하고 혼자만의 시간을 이용해 취미생활을 즐겨라. 악기 연주도 좋고, 그림을 그리는 것도 좋다.

혼자 할 수 있는 취미생활을 통해 성취감을 느낄 수도 있다. 사회화를 중요시하는 현대사회에서 혼자만의 시간을 수용해 보아라. 스트레스가 감소되며 삶에 감사함을 느끼게 될 것이다. 혼자만의 시간이 얼마나 평온한 것인지 깨닫게 될 것이다. 인간은 누구나 외로운 존재이다. 사색을 통한 성찰의 시간을 가져라. 나 혼자만의 시간을 만들고 그 시간을 즐길 수 있는 사람이 되자.

생각하는 시간을 자주 갖자. 내면이 단단하고 튼튼해야 외로움과 고독도 잘 견딜 수 있다. 생각하는 힘을 길러야 내면의 힘이 커지는 것이다. 혼자 있는 시간에 독서를 통해 생각하는 습관을 기르자. 통찰력이 생길 것이다. 이성적이고 객관적인 사고를 할 수 있게 된다. 성찰의 시간은 변화와 성장의 시간이 된다. 혼자만의 시간은 나의 내면을 정비하는 시간이다. 자신을 위한 투자이기도 하다. 혼자만의 시간을 힘들어하지 말아라. 혼자만의 시간을 즐기는 방법을 터득하자.

Important Notes

나를 위한 시간 갖기: 나만의 취미, 나를 위한 여행, 나를 위한 사색, 나를 사랑하라.

이에는 이, 눈에는 눈: 타인에게 휘둘리지 않는 전략

나는 유난히도 남의 눈치를 많이 보는 사람이었다. 타인의 평가에 늘 신경을 쓰고 남들이 나를 어떻게 평가할지가 신경이 쓰였다. 그래서 내가 하고 싶은 일이 있더라도 남들의 생각을 먼저 물어보고 여론이 괜찮을 때 안심하고 시작했다. 내가 아닌 남의 시선이 우선이었던 적이 많았다. 1998년 『지금 이 순간을 살아라』라는 글을 쓴 작가 에크하르트 툴레가 이야기했다. "명심하라. 지금 가장 중요한 건 밖에서 벌어지는 일이 아니다. 최우선은 지금 이 순간에 당신의 의식 상태다. 그것이 미래의 형태를 결정한다. 그러니 당신에게 일어나는 일보다 그 일에 당신이 어떻게 반응하는지가 훨씬 더 중요하다는 걸 깨달아야 한다. 그것이 삶의 앞날을 결정한다." 어느 순간 타인의 평가에 흔들리지 말아야겠다는 생각이 들었다. 오히려 스스로를 지킬 수 있는 강한 심지를

특전사 여군동기들과 화생방 훈련

가진 사람이 되어야겠다고 다짐했다.

타인의 평가에 흔들리지 않아야 하는 이유

타인의 평가에 나를 맡기면 멘탈은 한없이 나약해진다. 각 개인은 자신만의 가치관을 가지고 있으며 개성 또한 다양하다. 기분도 상황에 따라 시시각각 변한다. 같은 상황을 각자 기분에 따라 다르게 받아들이기도 한다. 나는 좋은 의도로 이야기했지만 상대방은 오해하기도 한다. 말도 안 되는 폭력적인 비난과 함께 질책하는 경우도 있다. 이런 타인의 평가에 과연 내가 휘둘려야 할 것인가? 그럴 가치가 있는 일인가?

노자(老子)는 "다른 사람이 나를 어떻게 생각할지 걱정하는 순간, 나는 그들의 포로가 된다."라고 했다. 타인의 평가에 흔들리는 포로가 되지 말고 주도적인 삶을 살아가야 한다.

타인의 부정적 평가나 피드백에 신경 쓰면 매사 불안해진다. 타인의 인정 중독에 빠지면 행복과는 멀어진다. 순간의 인정으로 잠시 쾌감을 맛볼지는 몰라도 얼마 되지 않아 엄청난 불안감을 느끼게 될 것이다. 나의 주도가 아닌 타인의 평가에 내 행복을 맡기니 불안할 수밖에 없는 것이다. 부정적인 평가나 피드백을 받기라도 하면 충격과 공포에서 벗어나지 못하게 된다. 남이 나에게 주는 인정이라는 마약에 중독되면 안 된다. 어렸을 때는 학교 선생님에게 사회에 나와서는 직장 선배와 상사에게 인정받기 위해 노력한다. 과연 언제까지 눈치를 보며 살 것인가?

타인의 평가에 너무 집중하다 보면 피해 망상을 겪게 될 수도 있다. 마음이 약한 사람들은 유난히 타인의 평가에 민감하게 반응한다. 왜 나를 믿지 못하지? 왜 나를 의심하는 걸까? 어떻게 하면 더 당당하게 보일 수 있지? 등등의 생각에 갇혀서 산다. 그만큼 당당하지 못하다는 것이다. 피해 망상이 있는 사람들은 주변을 힘들게 한다. 내가 손해 보고 있는 것은 아닌지? 누가 나를 욕하고 있는 것은 아닌지? 매사

의심하게 되면 인생 자체가 피곤해진다. 진정 중요한 부분에 집중하지 못할 수도 있다. 타인의 평가에서 벗어나 나 자신에게 집중해 보자.

이 세상에 절반 이상은 나와 생각이 다르다. 아무리 좋은 정책이라 하더라도 국민들의 100% 호응을 받지는 못한다. 모든 사람들의 마음에 들게 한다는 것은 그만큼 어렵다. 아니 불가능하다. 자신감이 충만한 사람들은 나와 다른 생각을 하는 사람들이 있더라도 크게 신경 쓰지 않는다. 당연한 거라 생각한다. 타인의 생각과 마음을 바꾸는 데 시간과 노력을 낭비하지 않는다. 남의 뜻에 맞추는 데 집중하는 사람은 다른 사람에게 조종당하기 쉽다. 내가 스스로 세운 목표에 집중하자. 다른 사람을 기쁘게 하는 삶이 아닌 내가 행복할 수 있는 삶을 살아야 한다.

남들의 평판에서 자유로워야 한다

남들이 하는 평판에 과도한 신경을 쓰고 일일이 해명하고 있지는 않은가? 그런 행동은 인생의 갑을 관계에서 '을'을 자처하는 일이다. 누군가 나를 오해한다고 해도 사실이 아니라면 위축될 필요가 없다. 시간은 진실을 밝혀 주게 되어 있다. 소신 있게 내가 할 일을 묵묵히 해나가다 보면 진실은 밝혀진다. 남들의 평가에서 덤덤해지자. 가끔은 무시할 필요도 있다. 다른 사람들의 생각을 내가 컨트롤할 수 없다. 사람들은 본인이 보고 싶은 대로 보고 말하고 싶은 대로 말하기 때문이다.

내가 잘나가고 잘 살아가고 있을 때 주변의 질투를 많이 받게 된다. 부러운 마음에 질투하는 것이다. 나를 잘 알지 못하는 몇몇이 만들어 낸 의미 없는 평판은 신경 쓸 필요가 없다. 잘 살아왔다면 그 정도 평판에 내가 무너지지 않는다. 그럴 때일수록 마음의 평정심을 가지고 잘 버텨야 한다. 내가 잘 사는 것이 가장 크게 복수해 주는 것이다. 작은 일에 쉽게 흥분해서는 안 된다. 상대가 어떤 말과 행동을 했을 때는 보이는 그대로 받아들이자. 확대 해석하거나 재해석하는 것은 위험하다. 나 자신에게 스트레스를 주는 환경을 만들지 말자.

인정받으려는 욕구에서 벗어나 주기적으로 자기 평가를 해야 한다. 타인의 평가에만 집중하다 보면 자신의 의지와 다르게 자신감에 상처를 입기도 한다. 자기의 운명은 남이 아닌 스스로 결정하는 것이다. 자신을 정확하게 평가할 수 있을 때 다른 사람들의 말에 흔들리지 않고 자신감을 갖게 된다. 자기 평가를 주기적으로 해보자. 미흡한 부분은 보완해서 조금씩 성장하는 삶을 살아가면 된다. 나는 남들의 평판에 신경을 쓰는데 정작 나 자신은 누구를 함부로 평가한적은 없는지 돌아볼 필요가 있다.

남들이 오해해도 내가 어쩔 수 없는 부분이라 생각하자. 오해받지 않으려는 강박에서 벗어나야 한다. 오해받지 않기 위해 본인의 생각을 빠짐없이 자세하게 설명하는 사람들이 있다. 생각만 해도 피곤하다. 과연 이럴 필요가 있는 것인가? 이런 사람들은 일방적 자기주장을 하기에 대화 자체가 불가하다. 남들에게 인정받고 싶어서 하는 행동이 오히려 주변 사람들을 떠나게 하는 것이다. 모두에게 사랑받고 인정받고 싶은 욕심을 내려놓아야 한다. 시간은 한정되어 있는데 이런 쓸데없는 시간으로 내 인생을 무의미하게 보내서는 안된다.

타인의 평가에 흔들리지 않고
강력한 멘탈을 유지하는 방법

타인의 인정으로부터 자유로워야 한다. 인정 중독에서 벗어나 타인의 평가보다 스스로가 소중하게 여기는 것을 우선

할 수 있어야 한다. 세상의 인정과 부러움을 받는 것이 성공이라고 생각하는가? 진정한 성공은 사회적 인정이 아니라 그 인정으로부터 자유로울 수 있는 멘탈을 갖는 것이다. 인정 중독에서 해방될 수 있어야 진정한 자기존중이 가능하기 때문이다. 타인의 시선과 평가에서 벗어나 보자. 그렇게 되면 어떤 일을 하든 그 일에 대해 해명하거나 변명하는 일이 줄어들 것이다. 나 자신과의 내면 소통을 끊임없이 해야 한다. 내가 원하는 것을 명확하게 알 때 멘탈은 강해지는 것이다.

주변 사람들에게 어떻게 보일까? 하는 걱정부터 버려야 한다. 타인보다 자신의 감정을 온전하게 이해할 때 행복한 삶을 살 수 있다. 스스로에 대한 확신이 있을 때 타인에게 흔들리지 않게 된다. 결정에 대한 피로가 찾아오면 마음이 불안해진다. 이러지도 못하고 저러지도 못하는 순간 기회를 잃게 된다. 양가감정은 자연스러운 현상이다. 우리는 신이 아니기에 상반되는 감정이 공존하는 것이다. 그럴 때 본인의 선택을 믿고 밀고 나가는 소신 있는 행동이 필요하다.

세상의 모든 것을 다 알아야 할 필요가 없다. 다른 사람들도 내가 모든 것을 알 것이라고 기대하지 않는다. 내가 모른다고 했을 때 나에 대한 평판이 나빠지지 않을까 걱정할 필요도 없다. 박사들도 자기의 연구분야에서 박사지 모든 분야를 알지는 못한다. 모르는 분야에 대해서는 겸손하게 질문을 던질 때 오히려 본인의 평판은 좋아진다. 모르는 것은 모른다고 인정하고 빠르게 배우면 된다. 자신감을 가져라. 세상에 모든 것을 완벽하게 알고 있는 사람은 없다. 타인의 시선에 대한 두려움은 스스로 만들어 낸 허상일 수 있다. 타인의 시선에서 벗어날 때 강한 멘탈을 갖게 된다.

스스로를 지키기 위한 협상으로 '팃 포 탯(tit for tat)' 전략을 사용해 보자. 우리가 잘 알고 있는 '이에는 이, 눈에는 눈'의 전략을 쓰는 것이다. 상대가 주는 만큼 돌려주면 된다. 나쁜 의도가 아니라 그만큼만 신경을 쓰자는 뜻이다. 인간은 사회적 동물이라 고립되었을 때 불편한 감정을 갖는다. 행복하고 건강한 생활을 유지하기 위해서는 타인의 평가를 완전히 무시하기는 어렵다. 그렇다고 너무 큰 비중으로 집중할 필요도 없다. 나에게 준 만큼의 관심만 집중해 보자. 나머지 시간은 자신의 삶에 집중해야 한다. 나를 위한 삶이 가장 가치 있는 삶이다.

Important Notes

진정으로 강해지는 법: 나를 향한 타인의 평가를 두려워하지 않아야 한다.

5초 참기:
분노를 조절하는 데 충분한 시간

분노는 스스로를 해친다. 하지만 대부분의 사람들은 분노가 발생하면 폭발부터 하게 된다. 군에서는 정말 다양한 사람들을 많이 만나게 된다. 정말 나와 뜻이 잘 맞는 선배와 동료도 있고 그렇지 못해서 나를 힘들게 경우도 있다. 군 생활을 하면서 만났던 동기 중 한 명은 아무리 화나는 순간이라도 즉각 반응을 하지 않고 분노가 사라질 때까지 5초 정도를 참았었다. 선배와의 트러블, 지휘관과의 마찰, 말을 듣지 않는 후배 등 다양한 인간관계에서 오는 문제와 작전 및 훈련 간 일어날 수 있는 변수 상황에서도 즉각적인 감정 표현은 하지 않았다. 훗날 비결과 이유를 물었는데 대답은 간단했다. 마찰이 생긴다는 것은 이미 상대방이 화를 참지 못하고 달려오는 것인데 맞부딪치면 큰 사고로 이어질 수 있다는 것이 이유였다. 큰 사고를 피하기 위해 의도적으로 생각하는

특전사 여군중대 제설

시간을 만든 것이고 그 시간이 5초라는 것이었다. 그 동기는 항상 심호흡을 하고 감정을 컨트롤한 후 화를 제거하고 대화를 했다고 한다. 그 동기를 보며 많은 것을 느꼈다. 강력한 멘탈을 가지고 있으면 분노가 치밀어 오르는 상황에서도 감정을 컨트롤할 수 있구나. 나도 그런 사람이 돼야지 하고 다심했었다.

분노를 다스려야 하는 이유

군 생활을 하다 보면 화나는 순간들이 종종 생긴다. 우스

갯소리로 분노 유발자라고 하는데 살아온 환경이 모두 다르다 보니 어쩔 수 없는 것 같다. 다양한 사람들이 모였는데 모두가 하나 된 방향으로 시간 내에 주어진 임무를 완수한다는 것은 생각보다 쉽지 않다. 조직에 있다 보면 보이지 않는 곳에서도 늘 최선을 다하는 사람들이 있고 혼자 편하겠다고 늘 이리저리 뺀질거리며 빠지는 사람들도 있다. 하지만 알게 모르게 다 평가되는 것 같다. 사람을 보는 눈은 거의 비슷하다. 중요한 순간에 그들은 선택받지 못한다.

조직생활을 하는데 자신의 감정을 잘 다스리지 못하는 사람들이 있으면 주변 사람들 모두가 힘들어진다. 그런 사람들은 비위를 맞추기가 너무 힘들다. 같은 상황이 발생하더라도 어떤 순간에는 좋다고 했다가 어떤 순간에는 불같이 화를 낸다. 분노를 조절하지 못하는 사람들은 중요한 일을 그르치거나 그로 인해 수모를 당할 수도 있다. 이런 사람들은 우선 가까이하지 않는 것이 좋다. 주변 동료 중에도 이런 사람이 있었다. 결국은 모두 그 사람 곁을 떠났고 늘 외롭게 지내는 모습을 보았을 때 안타까운 마음이 들었다.

분노가 폭발하면 결국 주변 사람들과의 관계가 손상되는 것이다. 화를 참아내고 분노를 억제할 수 있어야 주변 사람들과 건강한 관계를 유지할 수가 있다. 반복적으로 분노를 표출

하고 주변 사람들을 힘들게 하면 자신의 평판이 손상될 수 있다. 안정적이지 못하고 화가 많은 사람들과 협업하고 싶어 하는 사람은 없다. 힘든 순간을 참지 못하고 폭발했을 때 부정적인 결과를 피할 수 없게 된다. 분노를 참아내야 스트레스를 줄일 수 있고 정신적인 건강 상태도 개선할 수 있다.

"미련하고 어리석은 자는 분노를 당장 나타내지만, 슬기로운 자는 분노를 잘 참는다."라고 솔로몬은 이야기했다. 분노라는 부정적인 감정이 내재되어 있을 때는 합리적인 의사결정을 내리기가 어렵다. 분노라는 감정은 슬픔과 공황 죄책감 등 안 좋은 상황으로 순식간에 나를 압도할 수 있다. 분노하게 되면 불만이 함께 따라온다. 모든 상황이 다 마음에 들지 않게 된다. 날이 추우면 춥다고 비가 오면 비가 와서 짜증이 난다고 내가 해결할 수 없는 일에 쓸데없는 불평을 늘어놓는다. 자신도 모르게 화를 내고 분노했다면 스스로 돌아보고 다시 화를 내지 않으려고 노력하는 것이 좋다.

감정을 컨트롤 하자

내가 무엇 때문에 분노했는지를 생각해 보자. 무엇이 나를 분노하게 하는지 알게 되면 분노에서 해방될 수 있다. 상대방의 이야기를 듣지 않고 일방적으로 내 이야기만을 해서는 안 된다. 감정적으로 행동해서도 안된다. 감정을 앞세워서 좋을 것은 없다. 평상시 분노가 많은 사람들은 별거 아닌 일에도 감정을 끌어올린다. 충동적으로 화부터 내고 본다. 사회생활을 하는 데 엄청난 마이너스 요소가 된다. 사람의 이미지라는 게 한번 나쁘게 가인되면 돌리는 데 훨씬 더 많은 노력과 시간이 소요된다. 후회할 행동을 하지 말자.

살다 보면 나랑 맞지 않는 사람들과 부딪치게 되어 있다. 나에게 별로 중요하지 않은 사람 때문에 내 기분이 상할 필요가 없다. 싫은 상대로 인해 우울하고 억울한 기분이 계속된다면 누가 더 손해인가? 스스로 분노를 키우지 말자. 비관적인 사람들은 타인의 부정적 시선을 두려워한다. 그럴 필요가 전혀 없다. 단순하게 생각해서 '이상한 사람이 와서 자기 관점대로 이야기하는구나.' '넓은 시야를 갖지 못한 것이 안타깝다.' 정도로만 생각하고 그 상황을 넘기자. 낙관적으로 생각할 필요가 있다.

평상시 짜증이 많고 화를 잘 내는가? 자기애가 강하고 열등감이 있는 사람들은 유난히 화를 잘 내고 분노를 조절하지 못한다. 분노라는 감정이 꼭 나쁜 것만은 아니다. 하지만 분노할 일이 아닌데 습관적으로 분노하게 되면 주변 사람들이 떠나게 된다. 이런 사람들은 분노하게 되면 마음에 없는 말들도 쏟아붓는다. 혀에는 뼈가 없지만 분노 섞인 말들은 뼈가 부서지는 것보다 더 큰 고통을 주기도 한다. 짜증이 밀려오고 분노가 치밀어 오르려고 하면 우선 그 현장과 상황에서 벗어나라. 이성을 잃기 전에 다른 이야기로 주제를 돌리는 것도 좋다.

인간관계가 힘들고 분노가 생기는 것은 실제 상대방과 말다툼하는 상황 때문이 아니다. 스스로 부정적 상상 소통을 통해 사건을 크게 만들기 때문이다. 머릿속으로 부정적 생각을 하고 사건을 확대시키면 불행은 걷잡을 수 없이 증폭된다. 그럴 때는 일어났던 일만 객관적으로 보려고 노력해야 한다. 일어나지도 않은 일을 확대해석하는 것은 위험하다. 주변에 현명한 조언을 해줄 수 있는 지인이 있다면 도움을 받아라. 내 마음이 힘들 때 대피할 수 있는 대피소가 누구에게나 한 곳쯤은 있어야 한다.

분노가 발생했을 때 현명하게 해결하는 방법

분노는 공격성과 함께 찾아오는 경우가 많다. 분노가 발생하면 얼굴이 빨갛게 달아오르고 호흡이 가빠진다. 땀이 나는 등 신체 반응이 일어나는 것이다. 이럴 때는 바로 반응하지 말고 5초 정도만 참아라. 그리고 깊게 심호흡을 해라. 긴장이 풀리고 감정도 가라앉게 된다. 분노를 발생하게 한 사람과 논쟁을 벌일 필요가 없다. 큰소리만 나고 상황이 더 좋지 않게 될 가능성이 크다. 감정이 흔들릴 때는 잠시 자리를 벗어나서 맑은 공기를 마시고 산책을 하는 것도 좋다. 이성적으로 판단할 수 있을 때 이야기하는 것이 좋다.

별일 아닌 일에도 분노가 치밀어 오른다면 마음 근력이 약한 상태일 가능성이 높다. 몸에서 올라오는 부정적 신호일 수 있다. 이럴 때는 명상을 통해 부정적 감정에서 벗어나야 한다. 분노를 가슴에 품고 살아가는 삶은 괴롭다. 남이 주는 스트레스보다 본인이 누군가를 증오하고 미워하는 마음은 스스로를 병들고 아프게 한다. 분노는 화가 났을 때 좋은 언어로 본인의 감정을 잘 표현하지 못해서 발생하는 것일 수도 있다. 자신의 감정을 말로 잘 표현할 수 있도록 노력해 보자. 화가 나는 상황에서도 부정적인 감정을 빠르게 긍정적인 감정으로 되돌릴 수 있어야 한다.

분노를 무조건 참는 것도 좋지 않다. 무조건 참다가는 화병에 걸릴 수도 있다. 감정 조절을 못하고 속으로만 삭히다가는 우울증에 걸릴 수도 있다. 무조건 참기보다는 적절하게 표현해 보자. 분노의 원인을 찾아내고 문제를 해결하는 것도 좋은 방법이 될 수 있다. 분노를 잘 다스려야 하는 것이다. 분노가 생길 때 본인이 좋아하는 일을 하며 마음을 다스리는 것도 좋다. 자신이 좋아하는 일을 하면 세로토닌이 분비된다고 한다. 행복 호르몬으로 불리는 세로토닌은 생기를 불러일으키고 주의력과 기억력을 향상시킨다.

분노는 누구나 느낄 수 있는 감정이다. 분노조절 장애는 뇌 편도체와 전전두엽 소통에 이상이 생긴 현상이라고 한다. 그렇다면 분노하지 않고 참는 것이 답일까? 한편에서는 화를 내지 않고 지나치게 참아내는 사람들이 더 위험할 수 있다는 우려의 목소리도 있다. 겉으로 화를 내지 않을 뿐 본인의 편도체는 분노를 느끼고 힘들어하고 있기 때문이다. 이러다가 전전두엽이 제어할 수 없을 만큼 힘들어지면 분노가 폭발하는 것이다. 평상시 조용하다가 폭발하면 무서운 사람들이 이런 부류이다. 이렇게 폭발하지 않기 위해서는 평상시 현명하게 분노 감정을 해결해야 한다. 과격한 행동이 아닌 언어로 해결하는 것이 좋다.

Important Notes

5초: 일, 이, 삼, 사, 오! 끓어오르는 분노를 참을 수 있는 시간은 5초면 충분하다.

부정의 덫에서 벗어나기:
운은 긍정적인 사람에게 온다

나는 평상시 어떤 말을 자주 사용하고 있는지 생각해 본 적이 있는가? 내가 내뱉는 말과 나의 생각이 나를 만든다. '나는 운이 없나 봐'라는 부정적인 생각과 말은 모든 희망을 스톱 시킨다. 왜 하는 일마다 안되지? 뭐가 문제지? 고민만 한다고 해결되는 일은 없다. 오히려 자신감은 더 없어지고 멘탈은 약해진다. 멘탈이 약하고 자존감이 낮은 사람들은 공격적이며 비관적이다. 매사 불만이 많고 남 탓을 많이 한다. 나를 힘들게 하는 생각에서 벗어나 보자. 바닥을 쳤다면 이제 높게 올라갈 일만 남은 것이 아닌가? 무슨 일이든 내가 어떤 시각으로 어떻게 보느냐에 따라 결과가 달라진다. 강한 멘탈을 갖기 위해서는 부정적인 생각에서 벗어나야 한다.

여군 158기 동기들과 임관 20주년 행사

내가 운이 나쁘다고 생각할 때 멘탈이 약해지는 이유

멘탈이 무너진 경험을 해 본 적이 있는가? 우선 삶의 질이 떨어진다. 삶의 행복을 느끼지 못하고 불행한 삶을 살게 된다. 두려움과 걱정 속에서 헤어 나올 수가 없다. 자신감이 떨어지기 때문에 자신의 선택을 믿지 못한다. 이럴 때는 무엇이 문제인지 원인을 찾아내고 적극적으로 행동해야 한다. 자신감과 용기가 필요하다. 데일 카네기도 이런 말을 했다. "아무것도 하지 않으면 의심과 공포가 생긴다. 행동하면 자신감과 용기가 생긴다. 두려움을 정복하고 싶다면 생각만 하지 말고 나아가서 바삐 움직여라." 자신을 믿고 움직여 보자.

기본 케어를 소홀히 하면 멘탈이 무너진다. 감정과 육체는 연결되어 있다. 기본이 가장 중요한 것이다. 잘 먹고 잘 자야 예민해지지 않는다. 컨디션이 좋지 않고 피로가 쌓이면 감정 조절에 실패하게 된다. 마음이 예민해져 있는 상태라면 주변의 자극에 쉽게 영향을 받게 된다. 남들이 대수롭지 않게 한 이야기에도 의미를 곱씹고 저의를 생각하게 된다. 사소한 일을 깊게 생각하게 되는 것이다. 피곤한 육체 때문에 예민해져서 모든 일상을 망치게 되는 악순환에 빠져서는 안 된다.

내 의지 없이 남의 꿈을 따라가다 보면 멘탈이 약해진다. 세상에서 제일 중요한 것은 나 자신이다. 내 마음속 이야기를 가장 먼저 듣고 내가 하고 싶은 일이 무엇인지를 생각해야 한다. 주변 사람들과 비교하고 남들에게 보여주기 위한 삶을 살아가다 보면 인생의 방향을 잃는다. 주변 모든 사람을 경쟁자로 생각하고 살아가면 삶이 피곤해진다. 다른 사람의 인생이 내 인생보다 멋지고 대단하다고 생각할 필요가 없다. 각자의 삶은 엄연히 다르다. 좋아하는 것도 목표로 하는 것도 다르기에 비교할 대상 자체가 안 되는 것이다. 내 인생의 방향 키는 내가 쥐어야 한다. 소신을 가지고 나만의 특별한 인생을 만들어 갈 때 강한 멘탈도 유지된다.

멘탈이 약한 사람들은 불만이 많고 남의 탓을 많이 한다.

내가 한 결정임에도 세상 탓 환경 탓 주변 탓을 한다. 핑계가 많고 말투는 늘 부정적이며 공격적이다. 이런 태도가 본인을 더 힘들게 만드는 것이다. 모든 사람들이 본인을 맞춰 줘야 한다는 생각에서 벗어나야 한다. 스스로를 피해자라고 생각하고 불평만 하는 상대에게 사람들은 금방 질린다. 사람들이 호감을 갖고 다가서지 않으니 인간관계도 좋을 리가 없다. 현재 내가 겪는 상황을 내 입장에서만 이야기하지 말고 상대편의 입장도 생각해 보자. 마음의 상처를 치유하고 스스로 변할 때 멘탈 관리도 가능하다.

자책과 걱정에서 벗어나야
운도 좋아지고 멘탈도 강해진다

알버트 아인슈타인은 "한 번도 실수를 하지 않았다고 하는 사람은 새로운 것을 한 번도 시도하지 않는 사람이다."라고 했다. 이미 지나간 일에 대해서 자책하고 앞으로 일어날 일을 미리 걱정해서는 안 된다. 어떤 일을 시도했다가 성공하지 못했다 해서 무조건 실패하는 것이 아니다. 실패를 통해 깨달은 바가 있고 배운 점이 있었다면 오히려 성공의 발판이 될 수도 있다. 실패라는 것은 내가 실패라고 단정 지을 때 실패가 되는 것이다. 성공과 실패의 분류 기준은 멘탈에 달려 있다. 누군가의 기준에서는 실패가 누군가의 기준에서는 성공으로 가는 길을 찾는 과정일 뿐이다.

내 안의 부정적 사고를 없애야 한다. 사는 것이 힘들다고 죽겠다고 안 좋은 말들만 입버릇처럼 하는 사람들이 있다. 과연 어떤 상황이 돼야 충분히 행복하다고 말할 수 있을까? 완벽하려는 사람들이 오히려 고민이 많다. 모든 것이 준비된 때란 없다. 처음부터 완벽하게 갖추고 시작하려 하면 평생 시작하지 못한다. 만약 불안하다면 내가 지금 왜 불안한지 종이에 적어 보자. 어떤 일이 나를 가장 힘들게 하고 있는지 우선순위를 적고 원인과 해결책을 찾아보자. 문제를 해결하는 데 도움이 될 것이다.

갖지 못한 것에 집중하기보다는 가진 것에 감사해 보자. 자기 연민에서 벗어나야 한다. 비관적인 생각에 빠져서는 안 된다. 내가 얼마나 어려운지에 집중하지 말아라. 의식적으로라도 자기 연민에서 벗어날 수 있는 행동을 해야 한다. 선행을 베풀고 자원봉사를 하고 남을 위해 시간을 사용해 보자. 기분이 좋아질 만한 보람된 일에 참여해 보자. 받는 것보다 주는 것의 기쁨이 더 크다는 것을 깨달아라. 자신보다 어려운 사람들에게 베풀고 봉사할 때 멘탈이 회복되는 느낌을 받을 것이다.

사람이란 원래 통제력이 부족하고 완벽하지 못하다는 것을 인정해라. 특히 나 아닌 다른 사람의 행동을 내가 통제할 수 없다는 것을 인정해라. 내려놓는 연습도 필요하다. 힘든 감정을 해소하지 않고 그대로 놔두면 우울증이 되고 사회적으로 고립될 수가 있다. 사건 사고도 내가 예방할 수 없는 일들이 훨씬 더 많다. 이 세상을 잘 살아가는 원리는 어찌 보면 단순하다. 매일 일어나는 좋은 일과 안 좋은 일 중에 좋은 일에 더 집중하면 된다. 강한 멘탈을 가지고 삶의 긍정적인 모습을 더 많이 보려고 노력해 보자.

운이 나빠지고 멘탈이 약해질 때 멘탈을 극복하는 방법

운이 나쁠 때는 더욱더 조급해 하지 않아야 한다. 우리의 가능성은 무한하다. 건강한 사고방식을 가지고 천천히 준비해도 괜찮다. 방향이 올바르다면 남들보다 천천히 가더라도 더 멀리 갈 수가 있다. 이미 지나간 과거는 노력해서 바꿔지는 것이 아니다. 선택에 대한 후회가 지나치면 결국 자기 자신을 믿지 못하게 된다. 과거에 사로잡히면 어떤 일도 즐거운 마음으로 할 수 없게 된다. 이런 부정적인 생각들이 지속

되면 마음이 힘들어지고 결국 건강까지 안 좋아진다. 패배주의에서 벗어나서 희망적인 미래를 자꾸 떠올려 보자. 조급해하지 말고 천천히 나의 호흡에 맞춰 멘탈을 극복해 보자.

나는 다른 사람들보다 운이 없다고 생각하는가? 불길한 생각은 현실이 되기에 좋은 생각으로 빠르게 전환시켜야 한다. 자기 인생의 통제권을 가져야 한다. 자기 신뢰가 있을 때 자기 인생을 통제할 수 있게 된다. 운이 나빠지고 멘탈이 흔들릴수록 스스로를 믿어야 한다. 당장 상황을 바꾸지는 못하더라도 나의 생각과 태도는 바꿀 수 있다. 멋지고 당당한 사람은 주변 사람들이 함부로 하지 못한다. 인생의 주도권을 내가 가져보자. 운이 나빠지고 인생이 뜻대로 되지 않는 상황일수록 나를 믿고 소신 있게 앞으로 나아가야 한다.

힘든 시기를 버텨내려면 정신 승리가 필요하다. 아직 나에게 최고의 시간은 오지 않았고 결국 언젠가는 올 거라는 희망을 가져라. 열심히 노력한다면 결과는 무조건 좋은 것일까? 물론 열심히 노력하면 좋은 결과를 얻을 확률은 높지만 모두 좋은 결과를 얻는 것은 아니다. 세상일에는 타이밍이라는 게 있다. 내 노력과 무관하게 성공하지 못할 수도 있는 것이다. 내가 이렇게 열심히 했는데 실패라고? 너무 자책하지 말아라. 자책은 나의 에너지를 고갈 시킬 뿐이다. 긍정적

사고와 강한 멘탈로 버텨내야 한다.

말도 안 되는 핑계들과 변명들은 내던져 버려라. 괜찮은 사람들은 과거에 집착하지 않는다. 불행을 딛고 일어선 성공 스토리는 더욱더 극적으로 느껴진다. 성공하고 나면 오히려 불행했던 과거가 더 빛나게 보인다. 발전하는 것에 집중해 보자. 기회를 놓쳐서는 안 된다. 괜찮은 기회를 잡으면 인생은 아주 크게 변화하기도 한다. 실패란 애당초 있을 수 없는 일이라 생각하자. 내 선택을 믿고 선택할 때까지 도전해 보자. 성공과 실패의 기준은 나의 멘탈에 달려 있다.

Important Notes

긍정적이어야 하는 이유: 내가 내뱉는 말과 나의 생각이 나를 만든다.

감사:
행복을 부르는 마법의 단어

    내가 군 생활을 지금까지 잘할 수 있었던 가장 큰 이유는 감사하는 마음이다. 나는 군에 합격한 순간부터 모든 것들이 감사했다. 전국에서 특전사 4명을 선발하는데 4등으로 합격했지만 합격한 것 자체가 기적이라 생각했고 감사했다. 멋진 동기들 선·후배들과 생활할 수 있는 것이 행복했고 늘 감사했다. 감사하는 마음을 가질수록 일상생활에서 행복과 기쁨을 많이 경험하는 것 같다. 나는 어떤 사건이 발생했을 때 좋은 의미를 먼저 찾게 된다. 좋지 않은 일이 생겨도 다 이유가 있어서 그런 거라 생각한다. 감사의 마음을 가지면 활력이 넘치게 된다. 바라지 않았을 때 행복감과 감사함은 더 크게 다가오는 것이다.

모범간부 제주도 견학

감사하는 마음을 가지면 행복해지는 이유

감사하는 마음을 갖게 되니 면역력이 높아졌다. 나는 다른 사람들보다 힘든 군생활을 큰 스트레스 없이 건강하게 지낼 수 있었다. 현실에 만족하고 늘 감사하다보니 숙면을 취하고 자고 일어났을 때 상쾌한 기분을 느낄 수가 있었다. 하루를 기분 좋게 시작하는 것은 엄청난 장점이 된다. 어떤 일이든 좋은 점과 나쁜 점은 함께 찾아오는것이라고 생각했다. 나쁘게 받아들이는 자신의 태도가 더 문제가 될 수 있다고 생각하고 나쁜 결과 속에서도 감사함을 찾으려고 노력했다.

독일 명언 중에 "좋은 땅에서 밀이 자라듯이 감사하는 마음도 좋은 사람에게만 생긴다."라는 말이 있다. 감사를 생활화한 후로는 행복지수가 높았다. 감사는 관점을 바꾸어 주는 효과를 가지고 있다. 부족한 것이 아닌 가진 것에 감사하고 집중할 때 더 행복하고 만족하는 삶을 살게 된 후로는 스트레스도 덜 받았다. 주변에서는 너는 고민이 없냐?라고 많이 물어봤었는데 스트레스를 적게 받아서인지 진짜 큰 고민 없이 행복하게 지냈던 것 같다. 그래서인지 주변 사람들과도 큰 마찰이 없었고 오히려 주변사람들에게 많은 도움을 받았었다.

"사람이 얼마나 행복한가는 그의 감사의 깊이에 달려있다."라고 존 밀러가 말했다. 물론 나도 스트레스를 받고 업무적으로 힘들었던 시기도 있었다. 하지만 그때도 감사하는 마음을 가졌더니 마음이 편안해졌다. 내 능력으로 벅차고 힘든 일이 밀려왔을 때에도 내 업무 능력을 믿어 주는 것이라 생각했다. 어차피 하는 일인데 완성도를 높여 인정받아 보자. 라고 긍정적으로 생각했다. 힘든 일도 감사로 전환하게 되면 고마움을 느끼게 된다. 긍정적으로 사고하게 되면 정서적 안정도 찾을 수 있게 된다.

감사하는 마음을 갖게 되면 행복해진다는 말을 한 번쯤은 들어봤을 것이다. 실제로 감사하는 마음을 갖게 되면 뇌에 긍정적인 영향을 준다고 한다. 국내 한 대학의 연구팀이 감사에 관련한 연구를 진행하였다. 감사했을 때와 원망했을 때 심박수와 뇌의 변화를 측정한 것이다. 검사 결과 감사할 때는 심박수가 낮아졌고 원망할 때는 심박수가 높아졌다. 감사하는 마음은 본인의 마음먹기에 달려있다. 사소한 일들도 당연하다고 생각하지 말고 감사하다고 생각해 보자. 매일매일 행복하고 즐거운 감정을 느끼게 될 것이다.

감사하기는 가장 좋은 습관이다

어떤 사건이 일어났을 때 좋은 의미를 먼저 찾고 감사하는 마음을 가져라. 강력한 멘탈을 갖게 될 것이다. 습관적으로 '나는 운이 참 좋아, 고마워, 이만해서 다행이네'라는 말을 자주 사용해라. 인생을 살아가다 보면 누구에게나 혼란의 시기가 찾아온다. 그럴 때 스스로 응원해 주고 힘을 내야 한나. 입입을 했는데 결과가 좋게 나왔다면 타인에게 감사에 마음을 꼭 전해라. "너 덕분에 일이 잘된 것 같아 감사해."라고 이야기해 주어라. 타인에게 기쁨을 전하고 감사의 마음을 전하면 그들도 내가 더 잘 되기를 응원해 주게 된다.

감사는 우울하고 부정적인 감정에서 벗어나게 도와준다.

하루를 시작하기 전에 오늘 감사해야 할 일을 생각해 보는 것도 좋다. 오늘 내가 가장 잘 해낼 수 있는 일을 생각해 보자. 불평불만에서 벗어나서 감사한 마음을 갖게 되면 행복감에 빠지게 된다. 감사하는 습관은 가장 좋은 습관이다. 감사하는 마음은 삶을 긍정적으로 바라볼 수 있게 해준다. 이 또한 감사하다는 마음으로 생활해라. 많은 뇌과학 연구자들의 연구 결과를 보면 감사는 전전두피질을 활성화시켜서 행복감을 증진시켜 준다고 한다. 감사가 행복감을 높여준다는 것은 과학적으로도 증명되었다.

우울한 마음을 갖는 것도 습관이다. 감사하는 마음을 갖도록 노력하자. 자신의 생각을 완전히 통제할 수는 없어도 습관화 시키는 것은 가능하다. 습관은 자신의 노력에 따라 개선될 수 있다. 부정적인 생각이 나를 덮치려고 할 때는 사소한 것에 감사함을 찾아보자. 자신에 대한 감사함은 자신을 아껴줄 때 표출 가능하다. 주변을 돌아보면 질병과 싸우면서 고통스럽게 살아가는 사람들도 많다. 내가 건강하게 오늘 하루를 보낸 것만으로도 감사하다. 우울한 감정이 밀려오지 않도록 감사하는 습관을 갖자.

감사하는 마음을 갖는다고 당장 환경이 바뀌는 것은 아니다. 하지만 감사하는 마음을 갖게 되면 여유로워지고 인생을 보는 시각이 달라진다. 모든 사물을 깊이 있게 볼 수 있는 안목을 갖게 된다. 사람들은 비교할 때 스트레스를 받게 되는데 내가 가진 것에 감사하면 비교하는 것을 멈추게 된다. 감사하는 마음을 갖고 생활하면 향기로운 말을 하게 된다. 말은 돌아오고 인생은 내가 말한 대로 된다. 감사하는 마음으로 좋은 말을 하게 되면 좋은 일들이 생긴다. 성공한 사람들을 보면 어떠한 상황에서도 감사하는 마음을 가졌다는 것을 알 수 있다.

감사하는 마음을 가지고 행복하게 지내는 방법

감사 일기를 작성하는 것은 수많은 책에서도 좋은 습관으로 추천하고 있다. 잠자리 들기 전에 감사 일기를 쓰게 되면 행복한 삶을 사는 데 도움이 된다. 하루 5개 매일 감사 일기를 써봐라. 습관이 안된 사람들은 1개부터 시작해도 좋다. 큰 이벤트가 있어야 감사한 일이 생기는 것이 아니다. 아무 일 없이 건강하게 눈을 뜬 것부터가 감사할 일이다. 출근할 직장이 있고 주변에 나를 도와주는 동료와 응원해 주는 가족이 있다는 것부터 감사해야 한다. 단 감사를 머릿속으로만 회상해서는 안 된다. 반드시 글로 기록해라. 감사한 마음을 가지고 잠이 들면 행복한 꿈을 꾸게 될 것이다.

상대방의 장점을 확대해서 보는 습관을 갖자. 세상에 완벽한 사람은 없다. 상대방의 단점을 찾기 시작하면 모든 것이 마음에 들지 않고 밉게 보인다. 상대방의 장점을 보려고 노력하자. 상대방의 장점을 찾았다면 구체적으로 칭찬해 주자. 칭찬을 잘하는 사람 곁에는 사람들이 몰리게 되어 있다. 인정에 목말라있는 사람들이 주변에 많이 있다. 이때 주의할 점은 상대의 장점을 제대로 파악하고 칭찬해 줘야 한다는 것이다. 누가 봐도 칭찬할 일이 아닌데 칭찬을 하게 되면 오히려 가식적으로 느끼게 된다. 진심이 아닌 칭찬은 상대방이 먼저 알아보고 기분 나빠한다.

삶의 사소한 순간에도 감사하는 마음을 갖도록 노력하자. 아침에 상쾌한 기분, 향이 좋은 커피, 아름다운 일몰 등 모두 감사한 마음을 가져야 한다. 삶을 살아가는 동안 벌어지는 모든 순간들이 감사함이 될 수 있다. 감사한 마음을 갖고 살아가면 삶이 활기차게 변한다. 감사할 일이 이렇게도 많은데 불평불만으로 가득 차 있는 사람들을 보면 안타까운 생각이 든다. 감사하는 마음을 가지면 강력한 항암효과를 느끼게 된다고 한다. 하버드 대학교수 탈벤 샤하르에 따르면 "엔돌핀은 기쁘고 즐거울 때 솟아나는데 엔돌핀의 4,000배 효과가 있는 다이돌핀은 우리가 감사할 때 솟아난다."라고 한다. 우리가 감사하는 삶을 살아야 하는 이유이다.

　주변 사람들을 도와주자. 남을 돕는 것은 나를 돕는 것이다. 남을 돕게 되면 자기 효능감이 높아진다고 한다. 자기 효능감은 자신의 일을 성공적으로 수행할 수 있다고 믿는 기대와 신념이다. 상대방을 돕게 되면 상대가 고마움을 표현한다. 상대가 기뻐하는 모습을 보면 나도 덩달아 기분이 좋아진다. 누군가를 돕게 되면 엔돌핀이 평소보다 훨씬 더 많이 유발된다고 한다. 남을 도우려면 주변에 많은 관심을 가져야 한다. 도움이 필요한 부분이 발견되면 상대를 진심으로 위하는 마음으로 도움을 주자.

Important Notes

매일 행복할 수 있는 방법: 매일 매사에 감사하기

호흡:
분노 조절에 최고의 수단

　전국 각기 다른 환경에서 살던 사람들이 모이는 곳이 군대이다. 오해가 생기기도 하고 뜻이 왜곡되어 전달되기도 한다. 성격이 급한 사람들도 있고 너무나 느긋한 사람들도 있다. 나와 맞지 않다고 성급하게 화부터 내서는 안 된다.

　화가 나면 감정 조절이 잘되지 않는다. 감정 조절이 필요한 순간이라고 판단되면 잠깐 멈춰서 깊게 심호흡을 해봐라. 즉각적으로 효과를 볼 수 있을 것이다. 심호흡을 할 때는 들숨보다 날숨을 길이를 2배 더 길게 하면 심박수가 내려간다. 심박수가 내려가면 감정이 차분해진다. 흥분했을 때는 현명한 판단을 내리기가 어렵다. 온몸에 스트레스가 쌓여 긴장감이 계속될 때는 긴 호흡을 통해 감정 조절을 해보자. 들숨 4초 날숨 8초를 10회가량만 반복해도 큰 효과를 볼 수 있을 것이다.

감정 조절이 필요할 때 호흡에 집중해야 하는 이유

감정 통제를 못 하고 마음이 급한 사람들은 실수를 하게 되어 있다. 밥이 다 되기도 전에 밥뚜껑을 열고 확인한다. 밥뚜껑을 열 때마다 열기가 빠져서 결국 밥하는 시간이 늘어나고 밥도 맛이 없어진다. 결과물을 빨리 얻고 싶어서 하는 행동이지만 결국 좋은 결과를 만들어내는 데 방해만 될 뿐이다. 사람은 감정을 잘 조절하고 이성적으로 생각했을 때 가장 훌륭한 결정을 내린다고 한다. 논리가 아닌 감정에 치우쳐서 행동하고 후회했던 적이 한 번은 있을 것이다. 우리는 어떤 상황에서도 이성적으로 판단할 수 있는 로봇이 아니다. 인간이기에 감정 조절을 잘 해야 하는 것이다.

강한 멘탈을 가지려면 감정 조절은 필수이다. 쉽게 흥분하지 않고 차분하게 대응하는 사람에게 우리는 강한 멘탈을 가졌다고 한다. 자기 자신을 다스리는 것이 우선이다. 마음 깊은 곳 내 감정을 정확하게 인식할 수 있어야 한다. 스트레스와 불안은 우리의 감정을 갉아먹을 뿐이다. 강한 멘탈이란 어떤 사고방식을 가지고 접근하느냐에 따라 달라진다. 돌릴 수 없는 일에 불같이 화를 낸다고 일이 해결되지 않는다. 내가 해결하기 힘든 일이 생겼을 때는 심호흡을 통해 감정부터 조절한 후 새로운 기회로 받아들여라.

쉽게 분노해서는 안 된다. 약한 사람일수록 쉽게 분노한다. 강한 사람은 불같이 화를 내지 않는다. 화를 낸다는 것은 본인이 나약하다고 표현하는 것과 같다. 분노와 짜증이 많은 사람들에게는 좋은 사람들이 다가가지 않는다. 통계적으로도 화를 잘 내는 사람은 심장병에 더 잘 걸린다는 결과가 있다고 한다. 드라마에서도 보면 불같이 화를 내다 쓰러져서 못 일어나는 경우를 많이 볼 수 있다. 행동하기 전에 감정을 조절하고 열기를 식혀라. 복수하겠다는 나쁜 마음에서 벗어나라. 화가 나는 상황일수록 일단 멈추고 심호흡해서 내 감정을 다스려야 한다.

비관적이고 우울증이 있는 사람들은 아무것도 아닌 일에도 쉽게 분노한다. 나에게 고통을 주었다면서 너도 똑같이 당해야 한다고 복수심에 불타오른다. 선불교 스승이자 평화운동가인 틱낫한은 이러한 분노를 불난 집에 비유했다. "집에 불이 나면 먼저 집으로 돌아가 불부터 꺼야지 방화범을 추격해서는 안 된다."라고 했다. 자신의 감정에 찬물을 끼얹어서 불길을 먼저 끄라는 현명한 조언을 해준 것이다. 천천히 심호흡을 해서 내가 지금 왜 이런 감정을 느끼는지 있는 그대로 받아들여야 한다.

감정 조절은 삶을 살아가는 데 필수 요소이다

감정의 기복이 큰 사람들과 함께 있으면 같이 불안해진다. 극도로 기쁘거나 한없이 우울한 사람들은 성인군자라도 맞춰주기가 힘들다. 본인들은 감정이 섬세한 거라고 하지만 일반인들이 봤을 때는 예민한 사람으로 느껴진다. 되도록 가까이하고 싶지 않다. 감정의 기복이 적은 사람들은 건강한 멘탈을 가지고 있다. 쉽게 흔들리거나 흥분하지 않는다. 셀프 감정 조절을 잘한다. 내면 통제를 잘하게 되면 차분하고 자신감이 넘친다. 그런 모습은 주변 사람들에게도 그대로 전달이 된다. 감정을 잘 조절한다는 것은 사회생활을 하는 데 엄청난 능력을 장착한 것과도 같다.

욱하는 기분에 마음에도 없는 말을 내뱉어서 후회하는 사람들을 보고 있으면 안타깝다. 감정 조절이 안 되는 사람들은 약속 장소에 차를 타고 가는데 길이 막힌다고 분노한다. 주식에 투자했는데 떨어질 것 같다고 불안해한다. 잘나가는 친구를 보면 열등감을 느껴서 스트레스를 받는다. 이런 부정적인 생각들은 인생에 도움이 되지 않는다. 이럴 때는 스스로 감정을 조절하고 부정적인 생각에서 벗어나도록 노력해야 한다. 스스로 자각을 했으면 본인의 행동을 교정하고 긍정적인 감정을 갖도록 행동으로 실천해야 한다.

감정 조절을 잘하게 되면 성공할 확률이 높아진다. 회사에 취직하면 이제 끝인 것 같지만 취직 후 경쟁은 시작된다. 승진을 위해 계속 달려야 한다. 이러한 경쟁에서 이겨내려면 직장 생활을 하면서 감정 조절을 잘해야 한다. 내가 아무리 노력해도 상대는 몰라줄 수 있다. 그럴 때 원망하는 마음을 갖게 되면 인간관계에 금이 가기 시작한다. 이럴 때 내면을 잘 통제하고 감정 조절을 하게 되면 상황이 악화되는 것을 미연에 막을 수 있게 된다. 힘들 때 주저앉기보다는 이성적으로 판단하기에 잘못된 점을 빠르게 수정할 수 있게 된다.

부정적인 감정이 들더라도 느끼는 그대로 겉으로 드러내면 안 된다. 특히나 상급자의 위치라면 더욱더 조심해야 한다. 지휘관은 흐트러진 모습이나 안절부절못하는 모습을 보여서는 안 된다. 나 또한 어깨에 견장을 달고 부하들을 지휘할 때는 감정을 드러내지 않으려고 노력했었다. 상사가 불안에 떨고 신경질을 부린다면 과연 누가 존경하는 마음을 가지고 따를 수 있겠는가? 자신의 감정 하나 다스리지 못하는 사람을 믿고 따를 부하는 없다는 사실을 기억해야 한다.

감정 조절이 필요할 때 호흡에 집중하는 방법

분노심이 생기고 불안할 때는 호흡에 집중해 보고 감정을 조절하자. 감정 조절을 하기 위해서는 심호흡을 정확하게 하는 것이 중요하다. 우선 코로 숨을 들이마시고 입으로 천천히 후~하며 숨을 길게 내쉬어라. 다시 코로 숨을 들이마시고 입으로 숨을 내쉰다. 숨을 내쉴 때는 긴장감까지 함께 몸 밖으로 나갈 수 있도록 해라. 이때는 숨을 길게 내쉬어주는 것이 중요하다. 들숨과 날숨은 1:2의 비율이 좋다. 스트레스가 없어지고 차분해지는 것을 느낄 것이다. 호흡을 할 때는 눈을 감고 내가 가장 안전하고 편안한 장소에 있다고 상상해야 몰입할 수 있다.

감정 조절이 필요할 때는 우선 외부 소음을 차단해 보자. 조용한 환경에서 자세를 바르게 유지하고 호흡에 집중해야 한다. 편안한 자세여야 한다. 근육을 이완시키고 어깨를 펴줘라. 자연스럽게 힘을 빼주는 것이 좋다. 자연의 소리나 잔잔한 음악을 함께 틀어놓고 호흡하면 더 효과적일 것이다. 온몸으로 느껴보아라. 호흡이 내 몸 안에서 어떻게 느껴지는지 관찰해야 한다. 이때 다른 생각을 하면 안 된다. 오로지 호흡에만 집중해라. 그리고 내가 안정을 느낄 수 있는 단어가 있다면 그 단어를 반복하면서 호흡하는 것도 좋다.

평상시 호흡 연습이 되어 있다면 감정이 올라갈 때나 스트레스가 쌓였을 때 자연스럽게 활용할 수 있을 것이다. 일반적인 호흡 연습이 되었다면 4-7-8 호흡 방법을 사용해도 좋다. 4초 동안 코로 숨을 들이마신다. 이때 입을 닫은 상태에서 코로 숨을 깊게 들이마셔야 한다. 그다음 7초 동안 숨을 쉬지 않고 멈춰야 한다. 숨을 참는 것이다. 숨을 참는 동안 가슴에 공기가 가득 찬 느낌을 받을 것이다. 마지막으로 입을 열고 후~라고 말하며 8초 동안 서서히 내뱉어 주어라. 이 과정을 본인이 필요한 만큼 반복해 주면 된다. 이렇게 호흡하고 나면 불안이 완화된다. 깊은 호흡은 신체 불균형한 호르몬 수준을 안정시키는 효과도 있다고 한다.

"감정 조절하는 법을 알려주세요."라고 하면 나는 호흡을 연습하라고 말해주고 싶다. 호흡만 잘해도 화를 다스릴 수 있기 때문이다. 의식하고 집중하고 호흡해라. 양반다리로 앉지 못해도 괜찮다. 본인이 편안한 자세로 서거나 앉거나 누워도 된다. 아랫배 단전에 의식을 집중해 보아라. 코로 숨을 깊게 마셔주면서 배를 내밀어야 한다. 다음 숨을 내쉴 때는 반대로 배를 끝까지 끌어당겨야 한다. 이 호흡법은 횡격막 근육을 단련시켜 준다고 한다. 이 호흡을 하게 되면 우리 몸에 산소가 충분히 공급되어 어깨와 가슴이 편해지는 효과를 느낄 수 있다.

Important Notes

감정 조절: 깊은 심호흡은 긴장되고 다급한 상황에서 나를 구해준다.

PART 5

관계의
재구성

공부해라!:
불편한 말을 권하는 사람이 내 편이다

만나는 사람들을 바꾸면서 내 인생은 바뀌었다. 유난히 나는 주변 사람들의 영향을 많이 받는 사람이다. 너무도 감사한 것은 내 주변에는 나에게 좋은 영향을 주는 좋은 분들이 너무나 많다는 것이다. 내가 어떠한 일이든 도전하겠다고 했을 때 안 될 것 같아. 라는 이야기보다 멋지다. 한번 도전해 봐라. 잘 될 것 같다. 이렇게 이야기해 주는 분들이 많았다. 그분들 덕분에 힘을 얻어 군에 와서 다시 공부를 시작하고 박사학위까지 취득해서 지금 이 자리까지 온 것 같다. 성장하고 성공하려면 주변에 성장한 사람들을 곁에 두고 그분들에게 동기부여를 받아야 한다. 그렇게 되면 자존감이 높아지고 미래에 대한 확신도 생긴다.

용인대학교 석사과정 졸업

지금 공부해서 뭐 합니까?

어릴 적 나는 공부를 좋아하는 사람이 아니었다. 공부를 하고 싶지 않아 군대를 온 것도 사실이다. 그런데 생각보다 군에서 시험도 많이 보고 평가도 많이 봤다. 내가 생각했던 것과는 달랐다. 그렇게 스트레스를 받으며 꼭 해야 하는 공부 외에는 하지 않았다. 군사령부 행정업무 담당으로 근무를 하고 있을 때다. 같은 사무실에서 근무하던 중령분이 늘 하루 일을 마치고 운동하고 놀러 다니던 나를 불러 세워 말씀해 주셨다. 홍 하사 운동 좀 줄이고 영어 공부해 보는 건 어때? 우리 과 앞 사무실에 근무하던 내 동기는 야간대학을 다니면서 영어 공부를 했었는데 그 모습을 보며 나한테도 공부를 했으면 좋겠다고 조언해 주셨다.

나는 김 중령님! 저 공부하기 싫어서 군대 왔는데 그리고 다른 곳에 취직할 것도 아닌데 지금 공부해서 뭐 합니까? 그러자 나에게 이런 말을 해주셨다. 멀리 보지 말고 나를 봐. 나는 50이 다 되어가는데 지금도 공부하잖아. 아마도 그때 전역 후 재취업을 위해 석사하위 과정을 공부하고 계셨던 것 같다. 그리고 멀리 보지 말고 앞 사무실 홍 하사 동기 봐. 분명 지금은 같은 선상에 있지만 10년 후에는 서로 다른 인생을 살게 될지도 몰라. 기회는 준비된 사람에게 오는 거야. 컴퓨터도 공부하고 자격증도 따고 학교도 다시 다녀. 늘 부모님처럼 말씀해 주셨다. 그 시절만 해도 군에서 자격증 시험을 볼 수 있었는데 무조건 시험을 보라고 응시원서를 써주셨고 본인 돈을 들여 대학 원서도 사서 주셨다.

그때는 싫지만 거절하지 못해 자격증을 공부하고 학교도 등록해서 다녔다. 속으로는 '이런다고 달라질 건 하나도 없는 것 같은데'라고 불평도 많이 했었다. 하지만 그때마다 훗날 나한테 고맙다고 할 거야. 열심히 해. 이렇게 말씀하셨다. 그분 말씀대로 나는 그때 나에게 다시 공부를 하라고 말씀해 주신 김 중령님을 가장 감사하게 생각한다. 그분 말씀대로 공부를 해서 지금 내 인생이 바뀌었기 때문이다. 그리고 야간대학을 다니며 영어 공부를 하던 내 동기도 23살에 여군 부사관 최초로 항공 준사관 시험에 도전에 준위가 되어 헬기 조종사가 되었다. 그분 말씀대로 인생이 바뀐 것이다. 그때 내 동기가 야간 대학을 다니며 영어 공부를 했을 때 같이 했더라면 내 인생도 바뀌었을까?라고 생각했던 적이 있다.

인생은 어찌 될지 모른다. 준비하면 분명히 기회가 온다. 나는 대학을 다니다 군대에 와서 제적 처리가 되었다. 그래서 나의 최종학력은 고졸이었다. 나는 군에서 다시 학사부터 공부를 시작해서 석사, 박사학위까지 취득을 했다. 나도 내가 박사학위를 취득하고 연구센터에서 근무하게 될지 25년 전 하사 때는 몰랐다. 열심히 준비하고 열심히 노력하면 분명히 기회는 온다. 그 기회를 잡는 것은 자기의 몫이다. 인생 반전이라는 것이 있기에 인생은 살만한 것 같다. 지금 앞이 보이지 않는다고 스스로 포기해서는 안 된다. 꿈을 향해 도전해야 한다.

꿈을 크게 갖자

사람은 사회적 동물이다. 나는 유난히도 주변 환경과 주변 사람들에게 영향을 많이 받았다. 나의 꿈을 지지해 주고 응원하며 늘 꿈을 크게 가지라고 이야기해 주었던 지휘관과 주변 동료분들에게 너무나 감사한 마음을 가지고 있다. 많은 사람들에게 공통적으로 들었던 이야기가 왜 그렇게 자신감이 없어?라는 이야기이다. 어느 날은 가장 친한 동료가 "너는 대단한 사람인데 너만 너의 가치를 모르는 것 같아, 조금만 더 용기를 가져"라고 이야기해주었다. 그런말을 듣게 되니 자신감이 생겼고 무슨 일이든 도전할 수 있을 것 같았다.

석사학위를 공부하고 나에게 더 이상 공부는 없다고 생각했다. 하지만 주변에서 사회에 조금 더 영향력을 끼칠 수 있는 사람이 되려면 공부를 하는 것이 좋겠다고 조언해 주셨다. 오히려 나는 스스로 '내가 무슨 박사학위를 할 수 있겠어'라고 생각했는데 주변에서 충분히 할 수 있을 것 같다고 추천서를 써 주시겠다고 했다. 나에게 좋은 영향을 주신 분들 덕분에 용기를 낼 수 있었다. 직장 생활을 하면서 주경야독을 한다는 것이 쉽지는 않았지만 잠도 줄여가며 열심히 노력한 결과 좋은 성적을 받았고 빠른 시간 내에 논문을 마무리하고 빛나는 졸업장을 받게 되었다.

내가 지켜본 주변에 나름 성공한 사람들은 시간을 예민하게 관리한다. 시간의 소중함을 알고 시간을 헛되게 흘려보내지 않는다. 그리고 늘 독서를 한다. 책을 통해 많은 것을 배우는 것 같다. 그런 사람들이 성장하고 성공하는 것 같다. 긍정적이고 좋은 사람들과 함께하면 나도 좋은 기운을 받게 된다. 되도록 밝은 사람과 어울리는 것이 좋다. 발전적인 사람들과 어울리면 발전적인 이야기를 하게 된다. 누구나 도전하고 실패하면서 배운다. 인간은 생각하는 대로 살아간다는 것을 명심해야 한다.

나는 내가 받았던 따뜻한 용기를 이제는 주변 사람들에게 나눠주고 싶다. 그리고 절대 스스로 한계를 짓지 말라고 이야기해 주고 싶다. 본인이 원하는 삶을 살고 싶다면 원하는 삶을 꿈꿔야 한다. 그리고 내 꿈을 응원해 주는 사람들과 함께 해야 한다. 부자는 더 부자가 되고 가난한 사람은 더 가난한 사람이 된다. 인생은 빈익빈 부익부인 것 같다. 멘탈도 동일하다. 노력하고 준비하는 사람은 성장하고 또 성장하는데 노력 없이 고정되어 있는 사람은 시간이 지날수록 오히려 더 도태된다. 두려움에서 벗어나야 한다. 강한 멘탈을 갖자.

Important Notes

관계의 중요성: 인생을 바꾸고 싶다면 만나는 사람을 바꿔라.

좋은 사람 찾기:
내 인생 최고의 보물 찾기

군대 생활 최고의 장점을 꼽는다면 인간관계의 확장이다. 36만 5천 명에 이르는 육군 병력 중 다양한 인생 스토리와 능력을 갖고 있는 사람을 꽤 많이 만날 수 있다. 내가 노력하는 만큼 만날 수 있다. 한 부대에 머무르지 않고 다양한 부대를 찾아 옮길수록 많은 사람을 만날 수 있다. 바로 내가 그런 케이스였다. 스티브 잡스는 이런 이야기를 했다. "소크라테스와 한나절을 보낼 수 있다면 애플이 가진 모든 기술을 주겠다." 위대한 철학자인 소크라테스를 만나 대화를 할 수 있다는 것은 그만큼 가치 있는 일인 것이다. 엄청난 영감을 받을 수 있다고 확신했을 것이다. 그만큼 내 주변에 있는 사람들은 나에게 많은 영향을 준다. 주변 사람들을 보면 그 사람을 알 수 있다고 했다. 나를 설명해 주는 또 다른 모습은 내 주변 사람들이다. 내 곁에 어떤 사람이 있느냐에 따라 자

퍼실리테이션 교육 참여

신감의 크기도 달라진다. 자신감을 상승시켜줄 수 있는 좋은 사람들을 곁에 두어라. 힘든 상황에 멘탈이 흔들리지 않고 버틸 수 있게 해주는 큰 힘이 되어 줄 것이다.

주변에 좋은 사람들을 곁에 두어야 하는 이유

나는 다양한 부대에서 다양한 직책을 경험했다. 특전사, 군 사령부, 향토사단, 육군 직할부대에서 근무했고 신병교육대 교관부터 대학교수 및 중·고등학교 선생님들을 만날 수 있었던 육군 모집홍보관 직책과 현재 석·박사들이 모여 연구업무를 하는 육군 미래혁신연구센터까지 군 복무 25년 동안 성격이 다른 다양한 부대를 옮겨 다녔다. 그리고 수많은 사람을 만나고 사귀었다. 내가 사귄 수많은 사람들은 내 인생의 성공에 큰 도움이 되었다. 그중 가장 기억에 남는 좋은 사람 중 한 분은 나를 박사과정으로 인도해 준 대학교수님이었다.

평소 큰 친분은 없었으나 내가 했던 대학 홍보설명회를 잘 들었다며 차 한잔을 권했던 교수님은 내가 박사과정으로 도전할 수 있게 추천을 해주셨고 이는 내 인생의 큰 변곡점이 되었다. 지금도 생각한다. 나에게 친절하게 다가왔던 대학교수님께 스케줄을 이유로 차 한 잔을 거절했다면? 담소를 나누면서 성공에 대한 이야기를 하는 것을 주저했다면? 아마 박사과정 지원의 기회를 놓쳐 버렸을 수도 있었을 것이다. 준비되어 있다면 언제든 기회는 찾아온다고 생각한다.

미국 사회심리학자 조지 허버트 미트에 따르면 "내가 지금까지 살아오면서 커뮤니케이션했던 수많은 사람들과의 경험을 추상화하여 적분하는 것이 곧 자신이다."라고 했다. 좋은 사람들이 곁에 있으면 행복해진다. 즐거운 일이 많이 생기고 웃을 일도 많아진다. 불안감은 줄어들고 스트레스가 해소되는 것이다. 좋은 사람들을 곁에 두면 그들에게서 좋은

기운을 받게 된다. 가까이하는 것들은 자기도 모르게 물들게
되어있다. 늘 할 수 있다고 나에게 용기를 주는 사람들을 곁
에 두어라.

데일 카네기의 『인간관계론』을 보면 "모든 성공은 인간관
계에서 시작된다."라고 하였다. 주변을 행복한 사람들로 가
득 채우면 웃을 일이 많아진다. 정신적으로 지지를 해주는
사람이 곁에 있어야 행복하게 살 수 있다. 내가 행복하게 살
고 싶다면 좋은 사람들을 곁에 많이 두면 된다. 『회복탄력
성』에서도 "친한 친구와 함께 있으면 사람들은 평균 30배 이
상 더 많이 웃는다."라고 했다. 친한 친구는 나를 행복하게
해주는 존재이다. 그 친구들은 내가 어려움이 생길 때마다
나를 지지해 줄 것이다.

내가 에너지를 쏟아야 하는 사람은 누구인가?

지금 어떤 사람들에게 가장 많은 에너지를 소모하고 있는
지 생각해 보자. 중요하지 않은 사람에게 많은 에너지를 쏟
고 있다면 멈춰야 한다. 내가 아는 사람들 중 본받고 싶은
사람을 떠올려봐라. 아마도 주변 사람들에게 많은 인정을 받
고 있을 것이다. 그렇다면 그 사람의 어떤 점이 사람들의 호

감을 불러일으키는지 지켜봐라. 좋은 점을 본받기 위해서 노력해야 한다. 내가 신뢰할 수 있는 사람들에게 에너지를 쏟아야 한다. 긍정적인 영향을 주는 사람을 내 곁에 두고 좋은 점은 배우려고 노력해라. 나도 좋은 쪽으로 성장하게 된다.

좋은 사람이란 어떤 사람들인가? 나에게 격려와 칭찬을 아끼지 않는 사람이다. 동기부여를 할 수 있도록 도움을 주는 사람이 좋은 사람이다. 스스로 잘 해낼 수 있도록 열정을 불러일으켜 주는 사람을 곁에 두어라. 그런 사람들이 곁에 있으면 지치지 않고 나아갈 수 있다. 조직에서 근무해 본 사람이라면 공통된 감정을 느껴봤을 것이다. 나를 인정해 주는 사람이 어떤 일을 부탁했을 때는 열정을 쏟아 잘 해내고 싶어진다. 어려운 임무가 주어져도 잘 해내기 위해 혼신의 노력을 다하게 된다. 이런 선순환이 계속되면 업무능력도 멘탈도 성장하게 되는 것이다.

시간이 지날수록 더 좋아지는 사람이 진짜 좋은 사람이다. 완벽한 사람을 좋은 사람이라고 하지 않는다. 좋은 사람들과 같이 있으면 시간 가는 줄 모르게 된다. 그만큼 좋은 사람은 편안함을 준다. 어떤 순간이 좋다라기보다는 처음부터 끝까지 편안한 마음을 갖게 한다. 나에게 많은 관심을 갖고 불편한 점을 미리 눈치 채주는 경우가 많다. 당연하다고 생각하고 해준 일에도 관심을 가지고 감사하다는 표현을 해준다. 따뜻한 마음을 나눌 수 있는 사람들이 좋은 사람들이다. 이런 감사한 사람들에게 에너지를 쏟아라.

늘 한결같은 사람을 곁에 두어야 한다. 내가 잘 됐을 때나 잘 안됐을 때나 나를 지지해 주고 응원해 주는 사람들을 곁에 두어라. 나에게 안정감을 준다. 나를 객관적으로 보고 내가 누구인지 정확하게 말해줄 수 있다. 이런 분들의 조언은 100% 수용해도 좋다. 우리는 스스로 우리가 보고 싶은 것만 보는 경우가 많다. 믿고 싶은 것만 믿고 보고 싶은 것만 보려고 한다. 이렇게 내 신념과 일치하는 정보만 받아들이는 확증편향에 빠지기 쉽다. 그래서 나를 객관적으로 봐주는 지인을 곁에 두어야 한다.

좋은 사람들이 내 주변에 머무르게 하는 방법

내가 먼저 좋은 사람이 되어야 내 곁에 좋은 사람이 머무른다. 주변 사람들에게 어떤 평판을 받고 있는지 객관적인 판단을 할 수 있어야 한다. 자기 성찰이 필요하다. 그다음 타인을 이해해 주고 그들의 경험을 존중해 주어야 한다. 조건을 두지 말고 모두에게 친절하도록 노력해 보자. 내가 좋은 사람이 되면 신뢰감 있고 인품을 갖춘 사람들이 내 주변에 다가올 것이다. "유유상종(類類相從)"과도 같은 단어로 "동성상응 동기상구(同聲相應 同氣相求)"라는 말이 있다. 같은 소리끼리 서로 응하고 같은 기운끼리 서로 구한다는 뜻이다.

주변 사람들에게 많은 것을 기대하고 의존하지 말아라. 의존하다 보면 부담을 느끼고 나와 점점 거리감을 둘 수 있다. 자립성과 자신감이 없는 사람들 주변에는 좋은 사람들이 머무르지 않는다. 자립할 수 있는 능력을 키우자. 자신의 성취를 인정하고 자신에게 자부심을 가져라. 나다움을 유지하는 것이 중요하다. 스스로 해보고 도저히 안 될 때 그 순간 손을 내밀어라. 그때 도움을 요청한다면 흔쾌히 도움을 주는 누군가가 있을 것이다. 그 사람이 나에게 좋은 사람이다.

나보다 뛰어난 사람을 인정해 주자. 인정할 수 있는 사람을 인정해 주는 것은 중요하다. 배우는 자세로 다가가라. 그 사람과 가까워지면 그 사람의 장점을 흡수하게 된다. 끼리끼리 논다는 말은 그냥 나온 말이 아니다. 서로 비슷한 수준을 가진 사람을 만나야 마음이 편한 법이다. 내가 수준을 높여야 좋은 사람을 곁에 둘 수 있다. 수많은 학생들이 좋은 대학을 가려고 애쓰는 이유도 여기에 있다. 그곳에서는 좋은 자극을 받게 된다. 선의의 경쟁을 통해 목표를 이루는 법을 배우게 된다. 자연히 꿈도 커지고 큰 목표를 세우게 되는 것이다.

상대방의 이야기를 잘 들어주고 긍정적인 언어를 사용해야 한다. 잘 들어주는 사람에게는 자신의 비밀을 털어놓게 된다. 둘만의 공감대가 생기면 사이가 돈독하게 되는 것이다. 어떤 일이 생겼을 때 함께 공유하고 싶은 사람이 되자. 그러기 위해서는 잘 들어주는 것이 중요하다. 좋은 사람들이 내 곁에 머무르기를 원한다면 참을성 있게 상대방의 이야기를 들어줘야 한다. 그다음 긍정적인 언어를 사용해 공감대를 형성해 보자. 긍정적 언어를 통해 좋은 사람들과 새로운 관계를 만들 수 있다.

Important Notes

내 인생의 보물찾기: 좋은 사람을 만나고 싶다면 나부터 좋은 사람이 되어야 한다.

독서:
최고의 스승을 찾는 가장 쉬운 방법

인생을 살아가다 보면 다양한 스승을 만날 수 있다. 유치원에서부터 초·중·고등학교, 대학교까지 학창 시절 스승과 직장 생활과 사회생활에서 만날 수 있는 선배와 상사가 내 스승이 되기도 한다. 이들의 공통점은 내가 원해서 찾는 스승이 아니라 운명처럼 만나게 된 스승이라는 것이다. 선택권이 없이 내가 원치 않아도 만나게 될 수 있다. 스승이 좋았느냐 나빴느냐는 내가 어떻게 받아들였느냐에 따라 달라질 수 있을 것이다. 내가 선택해서 내 삶의 목적에 부합하는 스승을 찾을 수 있는 정말 좋은 방법이 있다. 해당 분야의 최고의 권위자를 가장 쉽게 만나게 되는 방법이기도 하다. 또한 내가 원하는 부분만 발췌해서 배울 수도 있다. 그 스승은 바로 책이다.

육군 미래혁신연구센터에 근무하게 되면서 늘 손에서 책

육군 미래혁신연구센터 개소식

을 놓지 않던 조 중령님을 만나게 되었다. 조금이라도 시간
이 남으면 책을 읽고 계셨다. 박학다식(博學多識)이라는 단어가
찰떡같이 어울리는 분이었다. 그분의 스승 또한 책이었다.
좋은 분과 근무하며 좋은 영향을 받아서인지 지금은 나도 매
일 30분씩이라도 시간을 내서라도 책을 읽으려고 노력하고
있다.

최고의 스승을 만나야 하는 이유

최고의 스승을 만날 수 있는 가장 빠르고 쉬운 방법은 독
서이다. 성공한 사람들은 대부분 독서를 많이 했다. 독서를

통해 나의 세계를 바꿀 수 있다. 세상의 모든 일을 다 경험하기는 어렵다. 내가 원하는 삶을 살고 있는 성공한 사람들의 책을 읽어봐라. 그곳에서 해답을 찾을 수 있을 것이다. 그들은 본인들이 이미 겪은 일들과 그 일의 해결책을 친절하게 알려준다. 그리고 이 모든 것의 핵심은 실천이다. 행동으로 옮기지 않고 생각에만 머무르면 아무런 소용이 없다. 지금 즉시 행동으로 실천해라.

만나는 사람이 누구냐에 따라 내 인생이 달라진다. 성공하고 싶다면 나보다 뛰어난 사람과 어울려라. 내가 이루고자 하는 목표를 이미 달성한 사람들을 만나야 한다. 가장 빠르게 성공에 도달하는 방법을 배우게 될 것이다. 데일 카네기의 『인간관계론』에서는 "모든 성공은 인간관계에서 시작된다."라고 했다. 진정한 일류는 누구를 믿어야 할지 안다. 남다른 성과를 원한다면 나에게 열정을 불러일으켜줄 스승을 곁에 두어라. 나도 모르는 사이 특별하고 탁월한 사람으로 성장해 있을 것이다.

우물 안 개구리에서 벗어나고 싶다면 자신의 틀을 깨 줄 수 있는 큰 존재를 만나야 한다. 사람은 내가 보고 경험한 틀 안에서만 성장하게 되어 있다. 내가 가까이하고 싶은 사람들과 어울리고 그들이 속한 문화의 마력에 빠져들어 빠르게 흡수해라. 훌륭한 점을 본받아라. 내 앞에서 좋은 말만 해준다고 좋은 사람이 아니다. 누구를 믿고 따라야 할지 알아차리는 것도 능력이다. 성공하기 위해서는 사람 관리도 중요하다. 훌륭한 사람들을 곁에 두고 관리할 책임도 본인에게 있다. 아무나 내 곁에 두어서는 안 된다. 내 주변에 있는 사람들이 나를 말해준다.

내 주변에 가장 가깝게 지내고 시간을 많이 할애하는 사람 5명을 떠올려 봐라. 그 5명의 평균이 나 자신이라는 이야기가 있다. 인간관계는 유유상종이다. 냉정하게 들릴지 몰라도 사실이다. 내가 원하는 사람을 만나기 위해서는 내가 변해야 한다. 인간관계에는 끌림의 법칙이 작용한다. 현재의 나는 과거 내 생각과 행동의 결과인 것이다. 반복적으로 하게 되는 생각이 지금의 나를 만든 것이다. 인생을 180도 바꾸고 싶다면 최고의 스승을 만나야 한다. 내가 풀고 싶은 문제를 먼저 해결한 사람이 있을 것이다. 그 사람을 스승으로 삼고 모방해라. 인생을 바꾸고 싶다면 만나는 사람부터 적극적으로 바꾸어야 한다.

만나는 사람이 내 인생을 좌우한다

인간이 기본적으로 가지고 있는 능력의 차이는 크지 않다. 다만 누구를 만나고 어떤 목표를 세우느냐에 따라 인생은 달라진다. 성공한 사람들의 목소리를 들어라. 아무에게나 조언을 받지 말고 반드시 전문가에게 조언을 받아라. 에베레스트를 등정하기 위해서는 에베레스트 등정에 성공한 사람과 의논해야 한다. 그 사람들은 내가 어떤 것을 준비해야 하는지 상세히 조언해 줄 수 있다. 그들의 도움이 있다면 두려움보다는 도전해서 이루고 싶은 열정이 생길 것이다. 그렇게 되면 에베레스트 등정에 성공할 가능성이 높아진다.

"사람을 얻는 자가 천하를 얻는다."라고 했다. 어떤 사람을 내 곁에 둘 것인지 많은 고민이 필요하다. 삶을 살아가는데 내가 배울 수 있는 모델이 있다는 것은 행복한 일이다. 배울 점이 많은 사람을 곁에 두어라. 내가 경험하지 못한 새로운 일을 시도할 때는 두려움이 앞선다. 어려운 상황에서 긍정적 마인드를 갖는 것은 쉽지 않다. 어려운 과정을 극복할 수 있는 삶의 노하우는 쉽게 알려주지 않는다. 세상은 내가 긍정적으로 상상하고 생각만 한다고 해서 이루어지는 것이 아니다. 내 상상이 현실이 되도록 도와줄 멘토가 필요하다. 부자가 되려거든 부자를 만나야 한다.

미국의 기업인이자 애플을 공동 창업한 스티브 잡스(Steve jobs)는 홈브루 컴퓨터 클럽에서 많은 영감을 받았다고 한다. 이 클럽은 실리콘밸리에 있는 컴퓨터 덕후들의 모임이다. 덕후는 애호가로 한 분야에 푹 빠져있는 것을 말한다. 아마추어 컴퓨터인들의 기술을 공유하고 연구하는 이곳에서 아이디어와 많은 영감을 받았다고 한다. 스티브 잡스는 이곳에서 애플의 초창기 제품을 소개하기도 했다. 그는 이곳에서 비즈니스 모델뿐만이 아니라 고객 경험에 대한 가치도 많이 배웠다고 한다. 애플이라고 하는 기업이 성장하고 혁신하는 데 이곳에 있었던 사람들이 큰 영향을 준 것이다. 누구와 얼마나 많은 시간을 보내느냐에 따라 인생이 달라진다.

우리가 보고 느끼는 세상은 빙산의 일각이다. 거대한 세상을 우리가 다 알 수 없다. 내가 가고자 하는 길에서 성공하고 검증을 받은 사람을 스승으로 삼아라. 존경받는 사람들을 가까이해보면 왜 존경을 받는지 알 수 있다. 존경받는 사람들의 행동은 다르다. 사소한 것부터 차이가 난다. 그들의 행동과 언행은 일치한다. 일관된 모습을 보여준다. 신뢰받는 사람들은 존경을 받는다. 그러면서도 겸손하다. 그들의 모범적인 모습을 따라가면 나도 모르게 성장하고 발전하는 것을 느낄 것이다.

최고의 스승을 만나는 방법

TED에 타이 로페즈가 출연해 멘토의 중요성에 대해서 강연을 했다. 타이 로페즈는 억만장자라고 한다. 상위 1% 부를 가진 그가 동기부여 강의를 한 것이다. 그가 성공 비법을 이야기한다. 인생을 3등분 했을 때 나보다 10배 앞서가는 사람을 만나야 한다는 것이다. 우리의 인생을 3등분 했을 때 첫 번째 33%는 나보다 못한 사람들이다. 그들에게는 내가 멘토가 되어줄 수 있다. 두 번째 33%는 나와 같은 수준의 친구와 동료이다. 그리고 마지막 33%가 나보다 10배는 더 앞서가는 사람들이다. 이 사람들을 스승으로 삼아야 한다는 것이다. 나랑 수준이 맞지 않기에 불편함을 느낄 수 있지만 인내하고 견뎌내야 성장할 수 있다.

최고의 자질을 갖춘 사람이 자신을 알아봐 준 최고의 스승을 만났을 때 그 시너지는 더 크게 나타난다. 김연아 선수는 한국을 대표하는 피겨 스케이팅 선수이다. 김연아 선수는 어린 시절부터 피겨 스케이팅에 엄청난 열정을 가지고 노력했다고 한다. 어린 시절부터 그녀의 능력을 알아보고 기술적인 향상과 심리적 지원까지 아끼지 않고 도운 코치들이 있다. 그녀는 2010년 밴쿠버 동계 올림픽에서 세계 신기록을 기록하며 금메달을 획득한다. 그녀의 성공은 본인의 노력 최고의 스승들 그리고 강한 멘탈이다.

피카소는 "좋은 예술가는 따라 하지만, 위대한 예술가는 훔친다."라고 했다. 위대한 스승에게 영감을 받는 것은 그만큼 중요하다. 따라 하는 수준을 넘어서야 한다. 최고의 스승은 쉽게 찾아지지 않는다. 인내해야 한다. 미디어에서 접하는 성공한 사람들도 모두 어려운 시기가 있었다. 우리는 그들의 마지막 성공한 모습만 보고 이상적인 모습만 상상하게 된다. 하지만 빌 게이츠도 12살 때부터 시작했고 31살이 되어서야 억만장자가 되었다고 한다. 그는 단 하루도 쉰 적이 없었다고 한다. 그랬기에 성공한 것이다. 최고의 스승을 찾는데 쉽게 찾아지겠는가? 쉽게 지름길로 가려고 하지 말아라.

최고의 스승을 만나기 위해 내가 움직여야 한다. 최고의 스승은 내 삶의 목적과 방향을 이끌어 준다. 적극적으로 찾아 나서보자. 요즘은 멘토링을 받을 수 있는 방법이 많다. 동호회에 가입해도 좋고, 무료로 받을 수 있는 멘토링 서비스를 활용해도 좋다. 인맥의 영역은 운의 영역이기도 하다. 나랑 잘 맞는 사람들은 따로 있다. 아무리 좋은 말을 말을 해주는 사람도 내가 호감을 느끼지 못하면 받아들이고 싶지 않다. 현재 삶을 변화 시키기 위해 결심을 하는 것은 어려운

결정이다. 하지만 결심해야만 내가 원하는 삶을 살 수 있는
것이다.

Important Notes

스승 찾기: 최고의 스승들은 서점에 모여 있다.

51%의 내 편:
나를 싫어하는 사람은
굳이 가까이 하지 마라

　모든 사람이 나를 좋아해 주는 세상이 있을까? 예수 부처 등 종교에서 말하는 성인이 아닌 이상 아니 성인이라 해도 모든 사람들이 100% 좋아하지는 않는다. 모든 사람들에게 사랑받는다는 것은 물리적으로 불가능하다. 내가 속해있던 수많은 부대에서도 마찬가지였다. 만난 지 얼마 되지 않았어도 소통이 잘돼서 금방 친해지는 사람이 있었다. 하지만 어떤 사람은 같은 상황에서 나와 정반대의 생각을 하는 경우도 있었다. 나와 정반대의 생각을 갖고 일하는 사람을 이해하고 친해지려 하는 것은 여간 고단한 일이 아닐 수 없다. 나와 잘 맞지 않는 사람과의 교류는 최대한 줄이는 게 답이다. 사람들 중에는 주는 것 없이 싫은 사람이 있다. 이런 사람들과는 계속 마찰이 발생한다. 억지로 가까워지려 했다가는 스트

최고급리더과정 수료식날 조원들과

레스만 쌓인다. 나의 정신건강에 좋지 않은 영향을 미친다. 이럴 때는 심리적으로나 물리적으로 거리를 두는 것이 좋다. 되도록 빨리 멀어져야 한다. 상대가 떠나주면 고맙지만 그렇지 않다면 내가 멀리하면 된다. 그런 사람들과 억지로 관계를 유지하면 멘탈은 무너지고 내 영혼을 갉아먹는다.

내가 싫어하는 사람은 생각조차 하지 않아야 되는 이유

신병교육대대 교관을 하는 동안 인접한 소대의 교관은 유독 강한 훈련을 강조했다. 나보다 경험이 많은 선배 교관이었다. 일반적인 교육훈련 매뉴얼보다 강한 훈련을 해야 소대원들의 전투력이 강해지고 안전사고도 발생하지 않는다는 논리였다. 실제로 그 소대는 수료식 때 가장 훈련 성과가 좋기도 하였다. 반면 교육생들이 가장 힘들어하는 소대이기도 하였다. 반면 내 교육관은 민간인이 훈련소에 입교하여 군인이 되는 과정이라는 본래의 취지에 맞게 군인화 과정에 충실했다. 교육이 아닐 경우 최대한 편한 휴식을 보장했다.

둘은 맞지 않았다. 둘 다 틀리다고 할 수 없다. 한 번은 성과분석을 통해 토론을 가질 시간이 주어졌는데 둘의 생각은 확고히 달랐다. 해당 소대장은 자신의 방식을 따르지 않는 나를 못마땅해했다. 계속 자신의 방식을 권유하였고 훗날에는 따르지 않는다고 질책도 하였으나 나의 교육방식도 규정이나 교범과 다르지 않았기에 나는 내 교육방식을 고수했다. 내가 내린 결론은 심플했다. 다름을 인정하라. 사람을 미워할 필요는 없다. 다만 불편함으로 인해 스트레스를 받지 않기 위해 물리적 거리를 두어야 한다. 거리를 두니 굳이 다툼이 생길 일도 불편할 일도 없어졌다.

누구에게나 잘 맞지 않는 사람은 존재한다. 내가 싫은 사람이 있듯 그 사람도 나를 싫어할 자유가 있다. 이유 없이 날 싫어한다면 기분은 나쁘겠지만 그렇다고 내가 할 수 있는 일은 없다. 깊게 생각할 가치조차 없는 일이다. 특히 윗사람이 날 미워하고 힘들게 한다면 그 사람이 먼저 바뀔 거라 기대하지 말아라, '원래 저런 사람이다.'라고 생각하는 것이 마음 편하다. 생각만 해도 짜증 나고 싫은 사람은 누구에게나 존재한다. 내가 상대를 싫어하면 상대편도 나를 싫어할 가능성이 크다. 내가 싫다는데 그 사람이 나를 좋아할 수 있을까? 서로 맞지 않는 것이다. 이럴 때는 거리를 두는 것이 현명하다.

싫어하는 사람을 신경 쓰다 보면 내가 하는 일에 지장을 받을 수 있다. 상대방은 관심도 없는데 나 혼자 그 사람한테 집중하고 있을 수도 있다. 상대방을 싫어할수록 나의 일상에는 도움이 되지 않는 것이다. 직장 생활을 하다 보면 유난히 신경을 거스르게 하는 사람이 있다. 가만히 있어도 자꾸만 자극을 준다. 듣고 싶지 않지만 큰소리로 하는 이야기들이 신경 쓰인다. 이런 사람들은 무시할 수 있다면 무시하는 게 가장 좋다. 웃음으로 대처해서는 안 된다. 심한 무례함이 있다면 단호하게 불쾌함을 이야기한 후 무관심으로 대응해라.

쓸데없는 소문에 감정을 소모하지 않기

어딜 가나 남의 험담을 즐기는 사람들이 있다. 이런 사람들에게 반응하지 않도록 본인의 중심이 잘 잡혀 있어야 한다. 다른 사람을 험담하는 사람이라면 내 험담도 남에게 할 가능성이 크다. 그런 사람들에게 반응해 주고 상처받을 필요가 없다. 상처가 되는 말은 되도록 피하자. 사람은 누구나 실수한다. 남의 실수는 덮어줄 수도 있어야 한다. 나에게 도움이 되는 말만 듣도록 노력하자. 인성이 갖춰지지 않은 사람들 때문에 내 감정을 소모할 필요가 없다. 그 사람을 바꾸려고 노력하지 말자. '원래 그런 사람인데 내가 어떻게 바꾸겠어?'라고 생각하는 것이 마음 편하다.

부정적인 공기는 전염성이 강하다. 의미 없는 헛소문을 퍼트리는 사람들에게 나의 에너지를 낭비하지 말아라. 쓸데없는 소문에 내 신경을 곤두세울 필요가 없다. 부정적인 이야기를 하지 않고도 만나면 즐겁고 행복한 사람들이 많다. 의미 없는 헛소문을 퍼트리는 사람들과는 멀어져라. 주변에 좋은 사람들과 행복한 시간을 보내면 된다. 인생은 어디에 초점을 맞추느냐가 중요하다. 좋은 일에 초점을 맞추고 행복을 느껴라. 하루는 24시간밖에 되지 않는다. 내 삶을 부정적으로 만들고 흐트러지게 하는 사람들과 어울릴 필요가 없다.

선배들 중에서 유난히 나를 힘들게 하는 사람이 있었다. 특별한 이벤트나 이유도 없었다. 내가 업무를 열심히 하고 성과를 낼 때마다 근거 없는 소문을 만들어 냈다. 근거 없는 소문이니 남들도 '설마 그런 말을 믿겠어?'라고 가만히 있었다. 하지만 그 선배 말을 진심으로 믿는 사람들도 생겼다. 억울했지만 똑같이 대응하고 싸우고 싶지 않아 내버려두었다. 어느 날은 참다 못해 둘만 있을 때 도대체 나한테 왜 이러는지 물었다. 그리고 앞으로 이런 식으로 하면 나도 가만있지 않겠다고 단호하게 이야기했다. 그 후 그 선배와의 인연은 끝이 났다. 그 선배는 지금도 남들을 욕하며 살고 있다고 한다. 사람은 쉽게 변하지 않는다.

세상에는 차라리 모르고 지냈더라면 더 좋았을 인연들이 있다. 남들을 이간질하고 쓸데없는 곳에 에너지를 쏟는 사람들을 보면 안타깝다. 조금 더 생산적인 일을 하면 좋겠다는 마음이 든다. 멘탈이 강해지면 스스로 기분이 나빠질 만한 상황에서 빠르게 피하게 되는 것 같다. 자기와 맞지 않는 부정적인 기운은 감각적으로 차단하게 된다. 싸우지 않고 이기는 것이 가장 현명하다. 좋지 않은 기운을 주는 사람들은 무관심으로 대응하는 것이 좋다. 미워하거나 복수할 가치도 없다. 그저 그 상황에 집중하지 않고 평온한 마음을 가질 수 있는 멘탈을 유지하는 것이 중요하다.

싫어하는 사람과의 교류 최소화 방법

싫어하는 사람과의 교류를 최소화하자. 만나서 기분이 나빠진다면 만날 기회 자체를 차단해라. 꼭 필요할 때만 사무적으로 대면해라. 그리고 모든 사람들이 나를 좋아해야 한다는 생각에서도 벗어나자. 사람들의 마음은 너무나 복잡 미묘하다. 모든 사람과 잘 지내야 한다는 강박에서 벗어나야 한다. 모든 사람들을 좋아할 수 없다. 싫은 사람들을 생각하면서 스트레스 받을 필요가 없다. 내 마음을 다스리는 것이 우선이다. 마음이 만들어 내는 두려운 상황은 끝이 없다. 상대방의 의도를 내 마음 가는 대로 왜곡해서는 안 된다. 인간사 모든 관계는 내가 원하는 대로 이루어지지 않는다는 것을 인정하자.

내가 싫어하는 사람에 대해 집중하지 말고 나의 관심을 다른 곳으로 돌려보자. 그 사람을 못된 사람이라는 생각하기보다는 못난 사람이라고 생각하자. 부정적인 사람과는 멀어져야 정서적으로 지치지 않는다. 나를 위한 시간을 갖자. 책을 읽거나 내가 좋아하는 취미 생활에 집중해 보자. 독립적인 활동은 나에게 많은 도움이 될 것이다. 혼자 산책을 해도 좋고 영화를 봐도 좋다. 꼭 누군가가 함께해야 한다는 생각에서 벗어나라. 자신만의 시간을 즐기는 것은 행복한 시간이 될 것이다.

부정적인 감정을 통제하고 자기 성장을 위한 노력에 집

중해 보자. 싫은 사람을 생각하면 나쁜 감정이 폭발될 수 있다. 감정이 폭발되지 않도록 주의해야 하다. 그리고 무조건 감정을 억누르는 것도 좋지 않다. 상황에 맞게 감정을 조절할 수 있어야 한다. 감정은 그 상황에 집중하면 더 극대화되므로 다른 곳으로 에너지를 분산시켜 보자. 새로운 기술을 배워 보는 것도 좋다. 새로운 기술을 배우기 위해서는 시간과 노력이 필요하다. 그곳에 집중하다 보면 다른 생각에서 벗어날 수가 있을 것이다.

긍정적인 마인드를 가져라. 싫은 상사 때문에 화가 나는가? 상사의 행동으로 기분 나쁘더라도 빠르게 그 감정에서 벗어나야 한다. 나를 기분 나쁘게 하는 말은 흘려 들어라. 오히려 더 이상한 사람을 만나지 않은 것에 감사한 마음을 갖자. 인생은 내 뜻대로만 풀리지 않는다. 싫은 사람 생각에 갇혀서 고통받아서는 안된다. 긍정적인 생각으로 그 상황을 빨리 벗어나는 것이 현명하다. 자책한다고 해결되지 않는다. 그 사람과 나는 좋은 인연이 아니구나. 가볍게 생각하고 그 상황을 벗어나라.

Important Notes

싫어하는 사람에게 소중한 나를 지키는 가장 쉬운 방법: 의식적으로 멀어져라.

반성과 용서:
나를 긍정적으로 만들어주는 키워드

　군에서는 좋은 지휘관을 만나 좋은 영향을 받을 수도 있고 그렇지 않는 경우도 있다. 나 또한 시간이 지날수록 내가 책임져야 하는 소대원들과 부대원들이 생겼고 과연 나는 그들에게 좋은 영향을 주는 사람인가 되돌아 보게 되었다.

　돈키호테의 작가로 유명한 세르반테스는 "당신이 훌륭한 사람을 만났을 때는 그 사람의 훌륭한 덕을 자기 자신도 가지고 있는가 생각해 보라. 그리고 나쁜 사람을 만났을 때는 그 나쁜 사람이 지은 죄가 자기에게도 있지 않은지 돌아보라."라고 하였다. 성장과 발전을 위해서는 반성하는 자세가 필요하다. 내 실수를 발견했을 때는 빠르게 인정하고 잘못된 점을 고쳐야 한다. 반성하는 자세를 갖게 되면 남을 용서할 수 있는 여유도 생긴다. 관용의 자세로 남의 잘못을 용서하게 되면 무거운 마음의 짐을 내려놓을 수 있다. 용서는 남이

육군 혁신학교 발표

아닌 나를 위해서 하는 것이다.

반성과 용서가 나를 긍정적으로 변화시켜 주는 이유

반성과 용서의 과정을 겪은 사람들은 자기존중이 가능해
진다. 자기 용서의 시작은 자기의 잘못을 인정하는 것에서부
터 시작된다. 자기혐오나 비난에 빠지지 않고 깨끗하게 자기
잘못을 인정하는 것부터 시작해라. 남을 용서할 때도 마찬가
지이다. 괜찮지 않은데 무조건 다 괜찮다고 말하는 것은 진
정한 용서가 아니다. 대화를 통해 오해를 풀고 진심으로 용
서해 주어야 한다. 마음의 앙금이 사라졌을 때 과거의 좋지
않았던 생각들을 잊어버릴 수가 있다. 과거에서는 배울 점만
남겨라. 마음이 회복되면 미래로 나아갈 수 있는 힘이 생길

것이다.

사람들은 실수를 통해서 배움의 기회를 얻는다. 반성을 통해 발전하고 훗날에는 더 효율적으로 행동하는 힘을 갖게 되는 것이다. 탈무드에서는 "반성하는 자가 서 있는 땅은 가장 훌륭한 성자가 서있는 땅보다 거룩하다."라고 하였다. 사회생활을 하다 보면 다양한 사람들을 만나게 된다. 서로의 가치관이 다르고 살아온 환경과 경험들이 다르기에 마찰이 일어나는 경우도 종종 보게 된다. 본인이 잘못했다는 판단이 들면 나이가 어린 사람에게도 먼저 손을 내밀어 사과하는 사람들이 있다. 본인의 부족한 점을 반성하고 용서를 구하는 것이다. 이런 사람들을 보면 존경스러운 마음이 든다. 본받고 싶어진다. 존경받는 사람이 되기 위해 노력해 보자.

자기애가 유난히 강한 사람들은 자신의 문제점을 인정하지 않으려고 한다. 작은 비난에도 쉽게 화를 내고 스스로 무너지는 모습을 많이 보인다. 자기반성이 없으면 발전할 수 없다. 자신이 인정하지 않으면 어떤 말도 받아들이지 못한다. '내로남불'이라는 말을 많이 하는데 내로남불은 내가 하면 로맨스 남이 하면 불륜이라는 뜻의 신조어이다. 누구나 자신을 지키기 위한 방어적 본능을 가지고 있지만 자기의 결점도 받아들일 수 있어야 한다. 남의 결점에만 집중해서는 안 된다. 반성을 통해 자신의 결점을 보완할 때 더 나은 사람으로 성장할 수 있다.

요한 크리스토프 아놀드의 『왜 용서해야 하는가』라는 책에서 용서하기 어려운 사람들을 용서한 사례가 나온다. 순찰 중 흑인 소년의 총을 맞아 장애인이 된 스티븐 맥도널드는 이렇게 이야기했다. "척추에 박힌 총알보다 가슴속에 자라는 복수심이 더 끔찍했다." 증오의 감옥에서 스스로 벗어나기 위해 그는 용서를 선택한 것이다. 아무런 원한도 없는 사람이 나를 장애인으로 만들었을 때 쉽게 용서할 수 있는 사람은 아마도 없을 것이다. 하지만 용서만이 증오심에서 벗어날 수 있는 최선의 방안이다.

과거를 용서하고 미래를 향해 나아가기

과거에만 연연하고 앞으로 나아가지 못하면 절대 과거에서 벗어나지 못한다. 상처가 있다면 치유하고 미래를 향해 앞으로 나아가야 한다. 불쾌했던 감정에만 매몰되어 있지 말고 사건에 초점을 맞춰 냉정하게 생각해 보자. 과거의 상처를 치유하고 집착에서 벗어나야 한다. 내가 누군가를 미워하고 원망한다 해서 상대방이 불행해지는 것은 아니다. 내 인생만 더 불행해질 뿐이다. 오히려 용서를 했을 때 나의 스트레스가 줄어들고 건강을 되찾게 될 것이다. 조건 없는 용서는 스트레스에서 벗어나는 최선의 방법이다.

스스로 변하지 않으면 해결되는 일은 없다. 과거에 좋지 않은 일이 있었더라도 실패를 통해 교훈을 배우면 된다. 심리적 면역력을 키워보자. 반성과 용서는 마음의 에너지를 긍정적으로 변화시켜 준다. 흑역사를 감추기 위해 스트레스를 받을 필요가 없다. 누구에게나 흑역사는 존재한다. 흑역사에 본인을 스스로 가두게 되면 현재를 즐기지 못하게 된다. 반성을 통해서 흑역사를 어떻게 활용할 것인지 고민해 봐라. 과거의 저주에서 벗어나야 한다. 세상에 결점이 없는 사람은 존재하지 않는다.

"용서는 다른 사람이 아니라 자신을 위한 것이다."라고 네드프라이스가 이야기했다. 용서하는 마음을 갖게 되면 자신의 성장과 변화에 도움이 된다. 과거의 아픔에서 벗어나 원망하는 마음을 놓아주게 되었을 때 새로운 희망이 다가오는 것이다. 유난히도 과거에 집착하는 사람들이 있다. 그들은 본인에게 일어나는 열 가지 일 중에 좋은 일이 일곱 가지 있음에도 잘되지 않는 세 가지에만 집착한다. 과거 좋지 않았던 일에만 집착해서 우울해하고 그 우울감으로 인해 주변 사람들까지 힘들게 한다. 좋은 사람들 옆에 좋은 사람들이 몰리듯 우울한 사람에게는 좋은 사람들이 다가가지 않는다.

자신을 힘들게 했던 사람들을 용서해 주는 것은 쉬운 일이 아니다. 그럼에도 용서해 주는 사람들을 보면 대인배라는 생각이 든다. 대인배는 마음의 그릇이 남들보다 몇 배는 크다. 그들은 남들을 시기 질투하지 않는다. 오히려 상대방이 잘 되기를 빌어주고 축복해 주는 모습을 보인다. 시기와 질투는 경쟁관계에서 비롯된다. 상대방을 경쟁상대로 생각하기보다는 협력의 대상으로 생각해 보자. 서로 Win-Win 할 수 있는 관계가 가장 바람직하다. 나의 생각을 바꿔보자. 대인배의 마음을 가지고 행동할 때 인생은 성공에 가까워진다.

반성과 용서를 통해 긍정적으로 변하는 방법

자신의 부족함을 드러내고 반성을 통해 발전하는 사람들은 주변 사람들에게 존경을 받는다. 이런 사람들은 같은 실수를 반복하지 않는다. 존경받는 사람이란 결점이 없는 사람들이 아니다. 반성을 통해 자신의 문제점과 취약점을 인정하고 수용하는 사람들이다. 그들은 진정성을 가지고 있으며 겸손한 사람들이 많다. 자신의 부족한 부분을 인정한다. 개선하고 싶은 부분을 명확하게 알고 보완하기 위해 구체적인 계획을 세운다. 무엇보다도 실패를 두려워하지 않고 지속적으로 노력하는 자세가 가지고 있다.

변화하기 위해서는 자기반성이 필요하다. 소크라테스는 "반성하지 않는 삶은 살 가치가 없다."라고 했다. 반성은 자신의 행동과 생각을 곰곰이 돌아보는 것이다. 자기반성을 통해 잘못을 깨닫게 되는 것이다. 자기 자신과 솔직한 대화를 나눌 수 있어야 한다. 스스로에게 질문을 던지고 답하는 시간을 가져라. 부족한 부분들이 떠오른다면 어떤 부분의 변화가 필요한지 충분한 시간을 가지고 고민해야 한다. 그리고 변화를 시도하기 위해 노력해라. 내가 먼저 변하면 주변에 긍정적인 파급효과를 줄 수 있다.

자기가 잘못했을 때 스스로 비난하지 않고 이해하고 용서해 주는 것이 중요하다. 자신을 용서하는 것이 가장 어렵고도 힘든 일이다. 실수로 인해 실패하더라도 과거에서 배울 점을 찾으면 된다. 스스로 반성할 수 있는 사람들이 남들도 용서해 줄 수 있는 관용을 베풀 수 있다. 다른 사람을 너그럽게 용서할 수 있는 능력은 인간적인 성숙과 성장을 도와준다. 원한과 분노는 스트레스를 유발한다. 용서를 하게 되면 스트레스가 해소되고 정신적인 안정을 찾을 수 있게 된다.

과거 일에 대한 자기반성은 더 나은 미래를 살아가기 위한 훈련일 뿐이다. 자기반성은 좋으나 과거 일을 떠올리며 원한과 분노에 자기 기분을 망칠 필요는 없다. 자기반성과 용서는 자기 치유의 과정으로 생각해도 좋다. 상처가 치유되어야 앞으로 나아갈 수 있는 것이다. 상대가 나에게 실수했을 때 용서가 쉽지 않을 수도 있다. 그럴 때는 시간을 가져 보자. 상대방의 관점에서 생각해 보면 이해가 될 수도 있다. 마음의 정리가 되었다면 상대방에게 내 감정을 표현해 보는 것도 좋다. 표현해서 오해를 풀 수 있다면 풀어라. 세상을 살아가는 데 적을 두지 않는 것은 무엇보다 중요하다.

Important Notes

자기반성이 필요한 이유: 철저한 자기반성을 선행하면 같은 실수를 저지르지 않는다.

성공의 제1원칙:
성공한 사람에게 배워라

　우리 주변에는 각 분야에 또는 각 직책에서 성공한 사람이 많이 있다. 굳이 성공한 기업가, 정치인 등이 아니더라도 장인이라 불리지 않더라도 성공이라는 이름을 붙일 수 있는 사람이 꽤 많이 있다고 생각한다. 해당 직책에서 해당 과업을 잘 수행해서 표창을 받은 사람이 있다면 그 사람도 그 분야에 성공한 사람이다. 우리는 그런 사람을 통해서 성공의 방법을 배울 수 있다. 나는 특전사 내무생활 동안 같은 방을 쓰던 선배를 보며 많은 것을 느끼고 배웠다. 선배는 힘들고 바쁜 생활 속에서도 늘 공부했고 체력단련 또한 특별한 일이 없는 한 하루도 빠지지 않고 했었다. 그리고 안 좋은 상황이 생겨도 절대 남의 탓을 하지 않았다. 나는 그 선배의 꾸준한 루틴이 너무나 멋있게 느껴졌고 삶의 태도가 닮고 싶어졌다. 인생이 술술 잘 풀리는 사람들은 특별한 공통점을 가지고 있다. 유연한 사고를 가지고 있으며 근면함이 느껴진다. 살다 보면 누구나 어려운 일을 겪게 되는 일도 있는데 인생을 잘 풀어가는 사람들은 주변에 쉽게 휩쓸리지 않는다. 강한 멘탈을 가지고 있기에 스스로를 좋은 길로 이끈다. 삶을 대하는 태도가 좋다. 어떠한 변수가 생기더라도 절대 포기하지 않고 새로운 길을 개척한다. 이들에게는 긍정의 선순환이 일어난다. 성공과 운이라는 것은 열심히 노력한 원인의 결과이다.

인생이 술술 잘 풀리는 사람들의 공통점을 삶에 적용해야 하는 이유

내가 배우고 싶던 좋은 선배의 모습을 매일 관찰했다. 나도 저런 선배의 모습을 닮고 싶다고 생각했다. 그래서 매일 공부와 운동을 함께 하게 되었고 시간이 지날수록 나도 점점 괜찮은 사람으로 변해가는 것을 느끼게 되었다. 좋은 사람을 알아보는 것도 능력이라고 생각한다. 잘 풀리는 사람을 지켜보면 왜 잘 풀리는지 깨닫게 된다. 타고난 운도 있겠지만 무엇보다 노력의 결실이 크다. 내 옆에 좋은 사람들이 있으면 그들은 나를 더 좋은 방향으로 이끌어 간다. 그들과 함께 있으면 행복의 지름길로 빠르게 갈 수 있다. 생각과 행동이 바른 사람을 주변에 두고 배워라. 나의 운도 좋아질 것이다. 좋은 사람은 좋은 운을 함께 가지고 온다.

좋은 신념을 가슴에 품고 살아가면 삶이 윤택하게 변한다. 성공한 사람들은 삶에 대해 명확한 신념을 가지고 있다. 『명상록』의 저자 마르쿠스 아우렐리우스는 이야기했다. "사람의 일생이란 그 사람이 일생을 어떻게 생각했는가 하는 것이다." 부정적인 생각은 위험하다. 부정적인 생각을 하면 부정적인 삶을 살게 된다. 성공에 이르는 바른 생각과 좋은 신념을 가지고 살아가자. 스스로 잘 된다는 기대를 갖고 이루어진다고 생각해야 한다. 사람은 자신이 마음먹은 대로 된다. 자신의 신념에 따라 그 신념대로 살아지는 것이다.

성공한 사람들을 곁에 두면 그들의 의지와 노력을 배울 수 있다. 50만 유튜버 김지은이 이런 이야기를 했다. "한 번의 작은 성공이 계속 성공을 불러왔다. 3년 1억 모으기를 성공하자 자신감이 생겼다. 그래서 유튜브를 했고 책 강의로 이어졌다. 작은 성공이 계속 성공을 불러와서 오늘의 나를 만들었다." 우리가 잘 알고 있는 야구선수 박찬호도 "성공은 남보다 우월해지는 것이 아니라 진통을 겪으면서 성장하는 것이다."라고 했다. 본인에게 124승보다 98패가 더 소중하다.라고 했던 말이 인상 깊다. 실패했을 때 다시 일어설 수 있는 의지를 배워야 한다.

인생이 잘 풀리는 사람들에게는 문제 해결 능력을 배울수 있다. 문제를 해결하기 위해서는 문제를 명확하게 정의하는 것부터 시작한다. 그들은 문제가 무엇인지부터 파악한다. 그다음 다양한 관점에서 문제점을 찾고 새로운 아이디어를 찾기 시작한다. 그리고 문제점에 대해 시스템적 접근을 통해 문제를 단계별로 실행하며 해결해 간다. 인생이 잘 풀리는 사람들은 실패를 두려워하지 않는다. 실패한 원인을 분석하고 같은 실수를 반복하지 않기 위해 노력한다. 같은 실수를 반복하지 않을 때 앞으로 한걸음 나아갈 수 있다.

성공한 사람들의 공통점 찾기

인생이 잘 풀리는 사람들은 공통적으로 배움을 즐긴다. 절대 현실에 안주하지 않는다. 새로운 것을 배우는 데 거리낌이 없다. 특히 자신이 좋아하는 분야를 자기 것으로 흡수하기 위해 피나는 노력을 한다. 이러한 배움이 쌓이면 강력한 무기가 된다. 미국의 작가 존 맥스웰은 "성공하지 못한 사람은 배우는 것에 부담을 느낀다."라고 하였다. 배워야 어제보다 더 나은 나로 발전한다. 배우고 내가 성장하면 더 많은 기회가 나를 찾아온다. 삶을 풍요롭게 해준다. 항상 배우려는 자세를 가져보자. 그렇다면 인생이 잘 풀리는 성공의 길로 조금 더 다가설 수 있을 것이다.

　인생이 잘 풀리는 사람들의 공통점은 긍정적이라는 것이다. 그들은 불평하는 일이 적다. 감사하는 마음을 가지고 생활한다. 감사하는 사람들은 사회생활을 잘 한다고 한다. 인생이 잘 풀리는 사람들은 사교성이 높다. 그들은 외로움을 덜 느끼고 고립된 삶을 살지 않았다. 주변 사람들과 커뮤니케이션을 잘하며 표정이 밝다. 성공하는 사람들은 타인의 말을 잘 들어준다. 그래서 사람들의 호감을 산다. 그리고 주변 사람들을 진심으로 칭찬해 주었다. 남을 칭찬하고 인정해 줄 때 본인이 더 발전할 수 있다는 것을 알고 있었다.

　인생이 잘 풀리는 사람들은 공통적으로 자기다움을 가지고 있다. 자기 자신을 브랜드로 생각한다. 남과 비교하지 않는다. 자기 색이 분명하지만 겸손하고 조심스럽다. 성공한 사람들은 여유가 있으면 남을 배려하는 마음이 크다. 반면에 예민하고 자꾸만 본인의 불편한 감정을 드러내는 사람들도 있다. 인생이 잘 풀리는 사람들은 직감적으로 이런 사람들을 빠르게 알아보고 멀리한다. 쓸데없는 사람에게 시간과 에너지를 낭비하지 않는다. 좋은 것만 상대하기에도 시간이 부족하기 때문이다.

　인생이 잘 풀리는 사람은 컨디션 관리를 잘한다. 자신에게 주어진 일을 잘 해내기 위해 최상의 컨디션을 유지해야 하는 것을 알고 있다. 지치고 힘든 상태일 때는 무슨 일을 하든 좋은 결과를 얻기 힘들다는 것을 아는 것이다. 그럴 때는 과감하게 쉬어준다. 좋은 컨디션이 좋은 하루를 좌우하기 때문이다. 컨디션을 좋게 하기 위해서는 수면의 질을 높여야 한다. 비타민 섭취 등 좋은 음식을 먹는 것도 방법이다. 스트레스 받는 일에서도 멀어지려고 노력한다. 신체적인 컨디션과 정신적인 컨디션을 모두 최상으로 만들었을 때 인생도 잘 풀리게 된다.

인생이 술술 잘 풀리는 사람들의 공통적인 성공 비법

　인생이 술술 잘 풀리는 사람들은 본인이 처한 환경의 1미터 범위 안을 잘 설정해 놓는다. 자신이 좋아하는 환경으로 설정하는 것이다. 작은 식물, 좋아하는 캐릭터, 그림 등 본인의 기분을 전환시킬 수 있는 것들을 주변에 둔다. 힘들고 괴로울 때 빠르게 기분을 전환하고 평정심을 되찾는다. 프랑스 화가 아리 마티스가 그랬다. "꽃을 보고자 하는 사람에겐

어디서나 꽃이 피어 있다." 인생을 잘 살아내는 인생이 잘 풀리는 사람들의 핵심 메시지이다. 스스로 좋은 환경을 만들면 된다.

인생이 유난히 잘 풀리는 사람들은 버티는 것을 잘한다. 인내심을 가지고 포기하지 않는 사람들에게는 기회가 꼭 찾아온다. 큰 기회가 올 때까지 버텨야 한다. 성공과 보상은 끝까지 버티는 사람의 몫이 된다. 하지만 버티는 것 자체가 쉽지는 않다. 버티다 보면 버티는 것도 습관이 된다. 처음부터 잘해서 버티는 게 아니고 버티다 보면 잘하는 시점이 찾아온다. 하지만 무작정 버티는 것은 안 된다. 자신의 존재감을 계속적으로 드러내고 노력해야 한다. 잘 버티는 것이 중요하다.

인생이 잘 풀리는 사람들은 타인들을 잘 돕는다. 받는 것보다 주는 것을 더 잘한다. 꼭 물건이 아니라도 자신이 줄 수 있는 시간과 배려를 나눈다. 이런 사람들에게는 향기가 난다. 중국 고사에 이런 말이 있다. "꽃의 향기는 백 리를 가고, 술의 향기는 천 리를 가지만 사람의 향기는 만 리를 간다." 인향만리(人香萬里)라고 한다. 세상을 향해 먼저 손을 내밀고 웃는 사람들에게는 좋은 일이 많이 생긴다. 세상은 거울과 같다. 내가 보이는 거울을 깨끗이 하고 타인에게 도움을 주게 되면 타인도 나를 돕는다.

인생이 잘 풀리는 사람들은 건강한 신체를 가지고 있다. 건강한 몸이 가장 중요한 재산이라고 생각한다. 일을 하다가 힘들거나 기력이 떨어지면 즉시 휴식을 취한다. 건강한 신체를 유지하기 위해 건강한 식품을 챙겨 먹는다. 균형 잡힌 식단을 유지하는 것이 중요하다. 절대 많이 먹지 않는다. 음식을 적게 먹어야 맑은 정신 상태를 유지할 수 있다고 믿는다. 우리 몸의 에너지 중 전체 10~15%가 음식을 소화하는 데 사용한다고 한다. 뇌가 음식을 소화하는 데 에너지를 쓰게 되면 내가 중요한 결정을 할 때 쓸 에너지가 줄어드는 것이다. 음식의 양을 줄이고 좋은 음식을 먹도록 노력해 보자.

에필로그

과감하게 도전할 수 있는
용기를 응원하며

　21살 소녀가 47살 중년이 되었고 25년이 넘는 시간을 군복을 입고 생활하고 있다. 나는 지금도 해보고 싶은 일이 있으면 과감하게 도전하며 살아간다. 생각보다 남들은 나에게 큰 관심이 없다. 남의 시선 때문에 내가 하고 싶은 일들을 포기하지 않기를 바란다. 나답게 살아가다 보면 포기하지 않고 끝까지 가다 보면 무언가 되어 있을 것이다.

　우리의 인생은 한 번뿐이다. 평범한 사람들도 비범해질 수 있다. 어떠한 결정을 내렸다면 책임감 있게 끝까지 추진해 보라고 이야기해주고 싶다. 실패해도 괜찮다. 처음부터 멋진 사람은 없다. 계속 시행착오를 겪고 깨닫고 성장하면서 비범한 사람으로 성장하는 것이다.

끝으로, 이 책을 읽어주신 독자 여러분께 진심으로 감사드리고 싶다. 두려움에 주저하던 누군가가 이 책을 통해 조금이나마 용기와 힘을 얻고 무슨 일이든 시작할 수 있다면 그것만으로도 나에게는 큰 보람이 될 것 같다. 비범함은 그리고 강한 멘탈은 하루아침에 만들어지는 것이 아니다. 꾸준한 노력과 인내가 필요하다. 이 책을 읽고 있는 여러분도 포기하지 않고 자신의 한계를 극복하며 도전해 본다면 지금보다는 나은 삶의 주인공이 되어 있을 것이다.

성장하고 싶다면
두려움에 도전하라!

권선복(도서출판 행복에너지 대표이사)

사람에게 '품격(品格)'이 있듯이 꽃에도 '화격(花格)'이 있다고 합니다. 눈 속에서 꽃이 핀다 하여 매화가 1품이요, 서리 맞고 꽃이 핀다 하여 국화가 2품이요, 진흙 속에서 꽃이 핀다 하여 연꽃이 3품입니다. 북향으로 떠난 님을 위해 오롯이 북쪽을 향해서만 꽃이 핀다 하여 목련이 4품이요, 가시가 돋아나 스스로 꽃을 지킨다 하여 장미가 5품입니다.

대한민국 여군 특전사로 군 생활을 시작하여 다양한 부대, 직책을 거쳐 어려운 상황 속에서도 경남대학교에서 박사학위를 취득한 후 현재는 육군미래혁신센터에서 직무를 수행하고 있는 홍명숙 저자의 이 책 『1%의 가능성이 있다면 도전하라』는 마치 꽃의 5가지 품격처럼, 자기 자신을 통제하여 스스로의 주인이 되는 다섯 가지 비법을 소개하고 있는 책입니다.

첫 번째 방법은 두려움을 이겨내는 방법으로, 극한의 체력적 훈련과 정신적 압박 속에서 스스로에 대한 믿음을 유지하게 해준 방법을 소개합니다. 두 번째 방법은 생각을 혁명하는 방법으로 어려운 상황 속에서도 긍정적인 사고를 유지하고 역경 극복에 대한 믿음을 가질 수 있는 방법입니다. 세 번째 방법은 행동의 변환으로 극한의 상황 속에서도 '한 걸음 더' 나아갈 수 있는 방법을 이야기하며 네 번째 장에서는 스스로를 통제할 수 있는 감정의 주인이 되는 법을 이야기합니다. 마지막 다섯째 방법은 관계를 재구성하는 방법으로, 다양한 배경과 생각을 가진 사람들이 만나게 되는 군대라는 조직에서 어떻게 하면 서로 다른 사람들이 하나의 팀워크 안에서 협력하며 목적을 달성할 수 있는지를 이야기합니다.

사람이라면 누구나 각자의 어려움과 역경을 극복해야만 성장할 수 있는 순간이 반드시 찾아오기 마련입니다. 그러한 순간에 가장 필요한 것은 자신의 감정과 행동의 주인이 되어, 자기 자신을 스스로 컨트롤할 수 있는 힘이라고 할 것입니다. 군대라는 극한의 환경 속에서 두려움을 극복하고 자기 자신의 주인이 되는 데에 성공한 홍명숙 저자가 들려주는 다섯 가지 비법은 독자 여러분이 스스로의 삶의 주인이 되는 데에도 중요한 실마리를 줄 수 있을 것입니다.

청춘들을 사랑한 장군

임관빈 지음 | 값 17,000원

책 『청춘들을 사랑한 장군』은 공부하는 장교 '오피던트'로서 살아온 임관빈 저자가 본인의 40여 년 군 생활을 하며 쌓아온 경험을 함께 모아 만든 성공과 사랑의 조언서이다. 저자가 생각하는 인생에 꼭 필요한 10가지 조언을 집약하여 '당당한 삶의 주인'이 될 수 있는 방법과 젊은 시절에는 미처 알지 못할 수 있는 지혜와 용기를 얻을 수 있도록 부드럽고 따뜻한 메시지를 전한다.

원문으로 읽는 손자병법 이야기

채일주 지음 | 값 20,000원

채일주 저자의 이 책은 손자병법의 해석이 아닌, 원문을 강조하고 있다는 점이 독특하다. 책은 손자병법 전체의 원문과 함께 간단한 해석을 담고 있으면서 원문을 글자 그대로 해석하는 데에 주력하고, 현대식 해설이 원문을 방해하지 않도록 간략하게 정리되어 있는 것이 가장 큰 특징이다. 즉 자기 스스로 손자병법을 읽고 자신만의 해석과 교훈을 가져갈 수 있도록 하고 있다는 강점이 있다.

국방혁신 4.0의 비전과 방책

정춘일 지음 | 값 25,000원

본서는 21세기의 전쟁 패러다임과 군사력이 어떻게 전환될 것인지를 분석한다. 우선, 오늘날 가속화되고 있는 정보통신혁명의 군사적 파장 및 군사혁신의 개념을 살펴보고 21세기의 전쟁 수행 개념과 방식을 예고해 준 걸프전쟁을 군사혁신 관점에서 분석한다. 끝으로 전쟁 및 군사 패러다임의 새로운 발전 경향을 구체적으로 고찰하며 한국군이 걸어야 할 길과 롤 모델을 제시하고 있다.

'행복에너지'의 해피 대한민국 프로젝트!

<모교 책 보내기 운동> <군부대 책 보내기 운동>

한 권의 책은 한 사람의 인생을 바꾸는 힘을 가지고 있습니다. 한 사람의 인생이 바뀌면 한 나라의 국운이 바뀝니다. 그럼에도 불구하고 많은 학교의 도서관이 가난하며 나라를 지키는 군인들은 사회와 단절되어 자기계발을 하기 어렵습니다. 저희 행복에너지에서는 베스트셀러와 각종 기관에서 우수도서로 선정된 도서를 중심으로 <모교 책 보내기 운동>과 <군부대 책 보내기 운동>을 펼치고 있습니다. 책을 제공해 주시면 수요기관에서 감사장과 함께 기부금 영수증을 받을 수 있어 좋은 일에 따르는 적절한 세액 공제의 혜택도 뒤따르게 됩니다. 대한민국의 미래, 젊은이들에게 좋은 책을 보내주십시오. 독자 여러분의 자랑스러운 모교와 군부대에 보내진 한 권의 책은 더 크게 성장할 대한민국의 발판이 될 것입니다.